VoG Verlag ohne Geld e.K.

n.37

Ada Zapperi Zucker

Die Meinung von Samy, Burli und Tina

Le opinioni di Samy, Burli e Tina

Zweisprachig / In due lingue

Die Hauptpersonen der Erzählungen sind nicht frei erfunden, Ähnlichkeit mit lebenden Personen und Katzen ist nicht rein zufällig

Personaggi e situazioni dei racconti non sono solo frutto della fantasia. Qualsiasi relazione con persone reali e non casuale.

ISBN 978-3-943810-39-4

Registergericht München HRA 99261
www.verlagohnegeld.de
Gesamtgestaltung / Impaginazione: Heinz Weih
Editing italiano: Fabio Zamboni
Deutsches Lektorat: Bärbel Yücel

Umschlagbild / In copertina:
Der Kater Samy, 2022

Ada Zapperi Zucker ist in Catania (Sizilien) geboren. In Rom hat sie mit dem Gesang- und Klavierstudium begonnen um es an der Musikhochschule Wien abzuschließen. Gleichzeitig hat sie für das *Dizionario Biografico degli italiani* des *Istituto Treccani*, die *Enciclopedia dello Spettacolo* und an der *Enciclopedia Universo De Agostini* gearbeitet. Ihre sängerische Karriere ist hauptsächlich außerhalb Italiens abgelaufen. Sie unterrichtet Gesang in Deutschland und in Südtirol.
Von dem Südtiroler Maler Gotthard Bonell wurde sie in Malerei unterrichtet.

Ada Zapperi Zucker è nata a Catania. A Roma ha iniziato gli studi di canto e pianoforte per poi concluderli alla Musikhochschule di Vienna. Nello stesso tempo ha collaborato per il *Dizionario Biografico degli italiani* dell'Istituto Treccani, all'*Enciclopedia dello Spettacolo* e all'*Enciclopedia Universo De Agostini*. Cantante lirica, ha svolto la sua attività prevalentemente all'estero. Insegna canto in Germania e in Sudtirolo.
Con Gotthard Bonell ha studiato pittura.

Ihre Veröffentlichungen haben verschiedene nationale und internationale Preise bekommen, die wichtigsten sind:
I suoi scritti letterari hanno ottenuto vari riconoscimenti nazionali e internazionali, i più importanti sono:

2020	Secondo Premio *San Domenichino* per *Due donne del Sud*
2017	Menzione d'onore *Casentino*, per il romanzo *La casa del nonno*
2015	Primo Premio *San Domenichino* per i racconti *La cucchiara*
2012	Primo Premio *Casentino*, per il romanzo *Teatro di ombre*
2012	Premio *Stiftung* Kreatives *Alter*, Zürich per i racconti *Le inquietudini della sora Elsa*
2011	Primo Premio *Chianti*, per il romanzo *Il silenzio*
2008	Primo Premio *Giovanni Gronchi*, per i racconti *La scuola delle catacombe*

Editoriale – file audio

Si può ricevere il file audio, parte integrante del libro, seguendo il seguente sistema:

- Notare la prima parola, sopra a sinistra, della pagina 24 del libro.
- Inserire questa parola come 'oggetto' in una email.
- mandare questa email a audio@verlagohnegeld.de

In tal modo si può ricevere gratis il file audio

Questo è Burli.wma

allegato a una email.

I nostri libri bilingue sono spesso usati per insegnare la lingua Italiana, per imparare vocaboli e grammatica. Inoltre costituiscono un aiuto per quanto riguarda la pronuncia della lingua italiana. Infatti un file audio fa parte del libro, nel quale l'autrice legge il racconto *Burli* in lingua italiana.

È anche allegata una tabella che riporta la posizione esatta di ogni pagina sul file audio.

La lettura del capitolo è anche registrata su un CD, che si può comprare al prezzo di 5,00 € nel nostro internet-shop www.verlagohnegeld.de.

Sia chiaro: non si tratta di un audiolibro dell'intero libro ma di un supplemento al libro stampato, nel quale viene letto dall'autrice soltanto il racconto *Burli* per chiarire eventuale problemi di pronuncia.

Editorial – Audiodatei

Um die zum Buch gehörende Audiodatei zu erhalten, gehen Sie bitte wie folgt vor:

- Entnehmen Sie dem Buch auf Seite 24 das erste Wort links oben.
- Tragen Sie dieses Wort als 'Betreff' in eine Email ein.
- Senden Sie diese Mail an audio@verlagohnegeld.de

Sie erhalten dann die Audiodatei

Questo è Burli.wma

als Anhang einer Email kostenlos zugesandt.

Unsere zweisprachigen Bücher werden vielfach im italienischen Sprachunterricht verwendet, sie sind dabei für den Vokabelerwerb und das Verständnis der Grammatik sehr hilfreich. Um auch die korrekte Aussprache überprüfen zu können, ist dem Buch diese Audiodatei beigegeben, in der die Erzählung *Burli*, von der Autorin in italienischer Sprache gelesen wird.

Mit der Email bekommen Sie auch eine Tabelle, in der jeder Seitenanfang der entsprechenden Stelle in der Audiodatei zeitlich zugeordnet ist. Sie können so Textstellen mit unklarer Aussprache leichter ansteuern.

Sie können aber auch eine Audio-CD mit besserer Tonqualität zum Preis von 5,00 € über unser Internetshop www.verlagohnegeld.de beziehen.

Es sei darauf hingewiesen, dass es sich nicht um eine Hörbuchversion des Buches handelt, sondern lediglich um eine Ergänzung zu dem Buch, in die Erzählung *Burli* von der Autorin zur Verdeutlichung der Aussprache gelesen wird.

Für *Lilly* und *Anne*

Per *Lilly e Anne*

Ada Zapperi Zucker

Die Meinung von Samy, Burli und Tina

Drei unmögliche Autobiografien

Deutsch von Dominikus Andergassen

Le opinioni di Samy, Burli e Tina

Tre autobiografie impossibili

Zweisprachig / In due lingue

Samy, il gatto filosofo

Vorrei sapere chi, in questa società di poveracci nella quale sono costretto a vivere, ha una discendenza addirittura divina come la mia. Di tutte le creature viventi, limitandomi soltanto a quelle a quattro zampe, nessuno può vantare una tale discendenza: un elefante, con tutto il rispetto per la sua mole; una giraffa con quel collo lungo in modo spropositato, assolutamente privo di praticità; senza soffermarmi sui diversi membri della mia famiglia, a cominciare dalle tigri, se non sbaglio in via di estinzione al contrario di noi che ci moltiplichiamo all'infinito, e quel poltrone, il cosiddetto re della foresta che, detto fra di noi, a parte il ruggito formidabile e forse anche la criniera sempre arruffata non ha proprio niente di regale, tutti possono essere definiti soltanto terrestri, cioè non hanno niente di divino. Lo so, il leone ebbe un periodo di grande fortuna dal punto di vista della divinità, tanto da farmi una certa concorrenza, in tempi assai lontani, per poi togliersi di mezzo in modo definitivo. Uffa, mi sembra di aver scritto un periodo troppo lungo! Ma si tratta di cose molto serie e non posso scendere a compromessi con la grammatica o la sintassi.

Noi gatti invece discendiamo in linea diretta addirittura da una dea egizia, Bastet, che era nostra madre, e avevamo perfino una città tutta per noi, Pat Bastet, ma si tratta di roba antica, ormai sparita, purtroppo, come del resto sparisce

Samy, der Philosoph

Ich möchte wissen, wer in dieser Gesellschaft von armen Teufeln, in der zu leben ich gezwungen bin, eine solch göttliche Abstammung wie die meine aufweist. Von allen lebenden Geschöpfen, wobei ich mich auf die Vierbeiner beschränke, kann sich keines einer derartigen Abstammung rühmen: kein Elefant, bei allem Respekt für seine Größe, keine Giraffe mit diesem übertrieben langen Hals ohne jeden praktischen Nutzen. Dabei halte ich mich gar nicht mit den unterschiedlichen Mitgliedern meiner Familie auf, angefangen bei den Tigern, die, wenn ich mich nicht irre vom Aussterben bedroht sind, ganz im Gegensatz zu uns, die wir uns endlos vermehren und jenem Faulpelz, den sogenannten König der Tiere, der, unter uns gesagt, abgesehen vom bemerkenswerten Gebrüll und seiner ständig zerzausten Mähne, überhaupt nichts Königliches an sich hat, sie alle können nur als irdisch bezeichnet werden, das heißt sie haben nichts Göttliches an sich. Ich weiß, der Löwe hatte auf das Göttliche bezogen eine derart erfolgreiche Zeit, dass er sogar mir in längst vergangenen Zeiten eine gewisse Konkurrenz machte, um sich dann endgültig aus dem Verkehr zu ziehen. Uff, mir scheint, dass ich einen etwas zu langen Satz geschrieben habe! Es handelt sich aber um zu ernste Dinge, als dass ich wegen der Grammatik oder der Syntax Kompromisse eingehen könnte.

Wir Katzen hingegen stammen in direkter Linie von einer ägyptischen Göttin ab, Bastet, die unsere Mutter war und wir hatten sogar eine Stadt ganz für uns alleine, Pat Bastet, es handelt sich aber um inzwischen leider ver-

tutto ciò che è nobile. Anche negli umani. Qui chiaramente mi riferisco alla nobiltà di lignaggio e non a quell'altra che ha a che fare con altri valori, piuttosto indefiniti. Basta: noi siamo creature che mai si sono sottomesse a qualsivoglia situazione, che non hanno mai perduto la propria dignità, il rispetto di sé, mantenendo sempre le dovute distanze con quella strana creatura a due zampe che ha soltanto il privilegio di servirci, di accudirci, di assicurare la nostra sopravvivenza.

A questo proposito, e venendo al presente, dato che ho deciso di scrivere la mia autobiografia, nonostante la mia giovane età (ho compiuto da poco un anno ma non conta il poco, cioè la quantità, bensì la qualità, come ognuno sa) devo cominciare col descrivere la famiglia nella quale sono costretto a vivere e in poche parole: chi sono.

Mi chiamo Samy per desiderio delle due bambine di casa che, a quanto mi è sembrato di capire, da sempre, forse da qualche centinaio di anni, hanno desiderato avermi, nonostante non abbiano un giardino (un bel guaio per me, devo ammetterlo, dato che devo stare sempre in casa), ma soltanto un balcone che dà su una specie di cortile, importante perché così ho la possibilità di osservare quegli strani esserini che volano e cinguettano per provocarmi, o forse per burlarsi di me, perché pensano che io non sappia volare. In realtà qualche tentativo l'ho fatto, qualche settimana fa, ma di questo poi. Molto brevemente voglio anche accennare al mio vicino, un gatto nero che abita al pianterreno, un tipo non ben identificato, un perdigiorno chiaramente di classe assai inferiore alla mia cui non dò la minima importanza. Ad ogni modo la mia attuale prigione è abbastanza spaziosa e ho la libertà di girare per tutte le stanze a mio piacimento, anche perché le porte sono sempre aperte. Inoltre ci sono

schwundene Altertümer, so wie übrigens alles Vornehme verschwindet. Auch bei den Menschen. Hier beziehe ich mich klarerweise auf die adelige Herkunft und nicht auf jenen anderen Adel, der mit anderen ziemlich unverständlichen Werten zu tun hat. Genug! Wir sind Geschöpfe, die sich niemals irgendeiner Situation untergeordnet haben, die nie ihre Würde, ihre Selbstachtung verloren haben, immer aber den gebührenden Abstand zu jenem eigenartigen zweibeinigen Geschöpf bewahrt haben, das alleine das Privileg besitzt, uns zu dienen, uns zu pflegen, unser Überleben zu sichern.

Diesbezüglich und um auf die Gegenwart zu sprechen zu kommen, da ich ja trotz meines jugendlichen Alters beschlossen habe, meine Autobiografie zu schreiben (ich bin vor kurzem ein Jahr alt geworden, doch es kommt nicht auf die Quantität, sondern auf die Qualität an, wie jeder weiß), muss ich bei der Beschreibung der Familie beginnen, in der ich zu leben gezwungen bin und, kurz gefasst, wer ich bin.

Ich heiße Samy auf Wunsch der beiden kleinen Mädchen des Hauses, die, wie ich glaube verstanden zu haben, seit jeher, vielleicht seit einigen hundert Jahren, mich haben wollten, obwohl sie keinen Garten haben (für mich eine große Unannehmlichkeit, da ich deshalb immer im Haus bleiben muss), sondern nur einen Balkon, der auf einen Innenhof blickt, wichtig für mich, weil ich so die Möglichkeit habe, die sonderbaren Wesen zu beobachten, die auf provozierende Weise flattern und zwitschern, beinahe so als wollten sie mich zum Narren halten, weil sie denken, ich könne nicht fliegen. In Wirklichkeit habe ich vor einigen Wochen den einen oder anderen Versuch gemacht – aber davon später. Ganz kurz will ich auch meinen Nachbarn erwähnen, einen schwarzen Kater, der im Erdgeschoss wohnt, ein zwielichtiger Typ, ein Taugenichts weit niedriger Klasse als meine, dem ich keinerlei Bedeutung zumesse. Jedenfalls ist mein derzeitiges Gefängnis einigermaßen geräumig und ich kann

letti, poltrone e altro dove posso sdraiarmi a mio piacere, senza considerare il mio cuscino ricoperto da una strana pelliccia che mi accoglie nei momenti di particolare stanchezza.

Se voglio presentarmi in modo decente devo subito dichiarare le mie generalità: sono un gatto di razza assai nobile. A parte la discendenza divina risalente alle mie origini gattesche, come ho già accennato, i miei progenitori provengono direttamente dall'America o meglio dal Maine e, rispetto a tutti gli altri gatti, sono un gigante. Proprio così e non sto scherzando: non mi riferisco soltanto a un fattore mentale. Il mio corpo è considerato di dimensioni maggiori rispetto a tutti gli altri gatti del mondo. Dunque sono un *Maine Coon* e non so se mi spiego! Attualmente ho un peso superiore a due o tre gatti messi insieme, per non parlare della statura. Se mi definisco un gigante fra i gatti, so di cosa parlo. Inoltre, se non ricordo male, i miei attuali servitori hanno sborsato una bella sommetta per avermi, il che mi riempie di orgoglio. Insomma, non sono il solito figlio di nessuno, magari nato dal caso o dall'incontro fortuito di un vagabondo con una micia incapace di difendersi... come quel tipo che abita al pianterreno, un plebeo che non sa nemmeno chi erano i suoi genitori: i miei sono stati scelti con cura dai loro servitori anche per la qualità particolare della mia razza. Almeno per gli animali è bene usare questa parola tanto bistrattata dagli umani che ne hanno fatto uso e disuso per i loro miserabili motivi di superiorità: fra gli animali infatti non esistono razze inferiori e razze superiori. In un certo senso siamo tutti uguali, ci distinguiamo soltanto per i nostri tratti somatici e altre piccole peculiarità che non hanno niente a che fare con i valori morali, frutto di vergognose speculazioni fra gli umani.

mich darin nach Belieben in allen Räumen bewegen, nicht zuletzt, weil immer alle Türen offenstehen. Außerdem gibt es da Betten, Polstersessel und anderes mehr, wo ich mich nach Belieben ausstrecken kann, ganz abgesehen von meinem eigenen, mit besonderem Pelz überzogenen Kissen, das mich in Momenten besonderer Müdigkeit empfängt.

Wenn ich mich richtig vorstellen soll, muss ich gleich meine Personalien offenlegen: Ich bin ein Kater ziemlich edler Rasse. Abgesehen von meiner auf Katzen-Ursprünge zurückreichenden göttlichen Abstammung, die ich bereits angesprochen habe, kommen meine Ahnen direkt aus Amerika, besser gesagt aus Maine und im Vergleich zu allen anderen Katzen bin ich ein Riese. Genau das, ohne zu scherzen. Dabei beziehe ich mich nicht bloß auf ein geistiges Merkmal. Im Vergleich zu allen anderen Katzen auf der Erde, ist mein Körper viel größer. Ich bin ein *Maine Coon und damit ist alles gesagt*! Momentan wiege ich mehr als zwei, drei Katzen zusammengenommen, einmal ganz abgesehen von der Statur. Wenn ich mich als Gigant unter den Katzen bezeichne, weiß ich wovon ich rede. Außerdem haben meine derzeitigen Diener, sofern ich mich recht erinnere, ein hübsches Sümmchen hingelegt, um mich zu bekommen, was mich mit Stolz erfüllt. Kurz, ich bin nicht der übliche Nachkomme eines Niemands, etwa aus der zufälligen Begegnung eines Streuners mit einer Katze hervorgegangen, die sich nicht zu wehren wusste. So wie der im Erdgeschoss, ein richtiger Plebejer, der nicht einmal weiß, wer seine Eltern sind. Meine Eltern wurden von ihren Dienern mit Sorgfalt ausgewählt, nicht zuletzt wegen der besonderen Qualität meiner Rasse und zumindest für Tiere kann dieses Wort gut benutzt werden, das die Menschen derart unsachlich für ihre miserablen Zwecke der Überlegenheit benutzt und missbraucht haben. Tatsächlich gibt es unter den Tieren keine niederen und höheren Rassen. In einem gewissen Sinn sind wir alle gleich, wir unterscheiden uns nur durch unsere körperlichen Merkmale und andere kleine Besonderheiten,

Noi gatti ci distinguiamo appunto per la razza nel senso che le differenze si notano subito, anche perché pare ci sia un numero sterminato di razze e se vogliamo avere un certo valore commerciale, chi ci serve deve rispettare le regole. Lo ammetto, si tratta sempre di quello che si chiama in linguaggio umano 'sporco denaro', ma a quanto pare è necessario sporcarsi le mani se si vuole vivere su questo Pianeta, anche se non sono assolutamente d'accordo. Ma il potere di un gatto rispetto a tutta la società umana è minimo: in breve, da un punto di vista civile non abbiamo nessuna voce in capitolo, e ancora meno da un punto di vista politico e sociale. So di cosa parlo. Se dipendesse da noi gatti il mondo andrebbe in tutt'altro modo, questo è più che sicuro.

Ora voglio toccare un tema per me sempre piuttosto scottante: la nostra supposta rivalità con i cani. Infatti ognuno sa che gli umani si dividono in due categorie: gli estimatori dei gatti e gli amanti dei cani, a parte qualche sotto categoria che non ha preferenze, nel senso che stima ugualmente i due tipi, cani e gatti. Ma questi tipi non mi interessano. Si strombetta sempre la grande affermazione del secolo: il cane è il miglior amico dell'uomo e anche della donna, se vogliamo. Io qui ho qualche dubbio. Come si può considerare amico un tipo così sottomesso, addirittura schiavo come un cane? Secondo me l'amicizia deve avere una base di parità indiscutibile: fra due amici non può esistere un rapporto di padrone e servo, come nel caso sopra citato. Quindi questa asserzione non ha nessun valore; ogni volta che vedo un cane come obbedisce senza discutere a ogni ordine del suo cosiddetto padrone, mi viene il voltastomaco. Quindi fra noi gatti e la sterminata genia dei cani non può sussistere alcu-

die nichts mit moralischen Werten zu schaffen haben, Ergebnis der niederträchtigen Spekulationen der Menschen.

Wir Katzen unterscheiden uns gerade durch die Rasse in dem Sinne, dass die Unterschiede sofort sichtbar werden, auch weil es anscheinend eine fast unendliche Anzahl von Rassen gibt und wenn wir auf einen bestimmten kommerziellen Wert bestehen wollen, müssen die, die uns dienen, bestimmte Regeln einhalten. Zugegeben, es ist immer das, was man in der menschlichen Sprache 'schnödes Geld' nennt, aber es scheint, dass man sich die Hände damit schmutzig machen muss, wenn man auf diesem Planeten leben will, obwohl ich damit absolut nicht einverstanden bin. Aber die Macht einer Katze im Vergleich zur gesamten menschlichen Gesellschaft ist minimal: kurz gesagt, wir haben aus ziviler Sicht kein Mitspracherecht, und noch weniger aus politischer und sozialer Sicht. Ich weiß, wovon ich rede. Wenn es nach uns Katzen ginge, würde die Welt ganz anders aussehen, das ist mehr als sicher.

Jetzt will ich ein Thema ansprechen, das für mich immer ziemlich heikel war: unsere angebliche Rivalität mit Hunden. Jeder weiß, dass Menschen in zwei Kategorien unterteilt sind: Katzenliebhaber und Hundeliebhaber, abgesehen von einer Unterkategorie, die keine Vorlieben hat, da sie Hunde und Katzen gleichermaßen schätzen. Aber diese Typen interessieren mich nicht. Es wird immer wie die große Behauptung des Jahrhunderts hinausposaunt: Der Hund ist der beste Freund des Mannes und auch der Frau, wenn man so will. Ich habe da einige Zweifel. Wie kann man einen so unterwürfigen Typ als Freund betrachten, geradezu ein Sklave, wie es der Hund ist? Meiner Meinung nach muss die unbestreitbare Grundlage einer Freundschaft die Gleichheit sein: zwischen zwei Freunden kann es keine Beziehung wie die des Herrn und des Dieners, wie im oben genannten Fall geben. Die Behauptung hat also keinen Wert. Jedes Mal, wenn ich einen Hund sehe, wie er jeden Befehl seines sogenannten Herrchens befolgt ohne ihn zu hinterfragen, dreht

na rivalità, perché anche la rivalità si basa sull'eguaglianza dei rivali. Più che di rivalità si dovrebbe allora parlare di disprezzo. Ma preferisco chiudere questo argomento, in ogni caso troppo al disotto di tutti i miei interessi.

Meglio descrivere la famiglia dove mi trovo attualmente: una madre e un padre, più due bambine. Da chi cominciare?

Certo la persona che mi sta più vicina, soprattutto da un punto di vista esclusivamente sentimentale è Lei. Confesso di avere molta simpatia per Lei e glielo dimostro, anche se con molta discrezione, non proprio a voce, il che sarebbe piuttosto banale: appena torna a casa dalle sue uscite quotidiane le vengo incontro alzando un poco la coda, un segno di saluto gattesco conosciuto da tutti. Che dire? Non lo faccio sempre per una sorta di pigrizia insita nel mio carattere. Mi piace infatti fare delle lunghe dormite, anche perché almeno dormendo riesco ad effettuare una quantità di azioni che la mia situazione attuale non mi permette. Per esempio andare a caccia, lo ammetto, la mia grande passione; correre nella foresta in cerca di avventure; appostarmi in un anfratto aspettando che qualcosa si muove; scovare un topolino e cercare di acciuffarlo per poi lasciarlo andare, ma solo per finta, e altro ancora. Chiedo al mondo intero: come può un gatto degno di questo nome, un gatto gigante come sono io, essere rinchiuso in una casa, senza la minima possibilità di fare esplorazioni notturne? Chissà quante avventure mozzafiato mi sfuggono, quante esperienze esaltanti; in fondo questa famiglia, per non so quale motivo, si permette di tenere un gatto in casa senza dargli la minima libertà di movimento, e non si rende conto di rubare a una creatura vivente un gran pezzo di vita, forse il più importante, fondamentale. Lo so, si tratta di una prigione dorata, ma non importa di quale metallo è fatta, una prigione è sempre una prigione,

es mir den Magen um. Es kann also keine Rivalität zwischen uns Katzen und dem Hundegezücht geben, denn auch die Konkurrenz fußt auf der Gleichheit der Rivalen. Eher als von Rivalität sollte man also von Verachtung sprechen. Aber ich ziehe es vor, dieses Thema zu beenden, das in jedem Fall weit unter meinen Interessen liegt.

Da ist es besser, die Familie zu beschreiben, in der ich mich gerade befinde: eine Mutter und ein Vater, und zwei Mädchen. Bei wem soll ich beginnen?

Sicher, die Person, die mir am nächsten steht, vor allem aus einer ausschließlich sentimentalen Perspektive, ist SIE. Ich gestehe, dass ich viel Sympathie für sie empfinde, und ich beweise es ihr, wenn auch mit großer Diskretion, nicht gerade mit Worten, was ziemlich banal wäre. Wenn sie von ihren täglichen Verpflichtungen nach Hause zurückkommt, gehe ich ihr entgegen, und strecke den Schwanz leicht in die Höhe, eine Art Katzengruß, den jeder kennt. Was soll ich sagen, aus einer Art Trägheit, die meinem Charakter innewohnt, mache ich das nicht immer. In der Tat liebe ich es viel zu schlafen, auch weil ich zumindest im Schlaf eine Menge Dinge tun kann, die meine aktuelle Situation nicht zulässt. Zum Beispiel auf die Jagd gehen, wie ich zugebe meine große Leidenschaft; auf der Suche nach Abenteuern durch den Wald laufen; in einer Schlucht lauern, bis sich etwas bewegt; eine kleine Maus aufspüren und versuchen, sie zu fangen, um sie dann laufen zu lassen, aber nur zum Schein, und anderes mehr. Ich stelle der ganzen Welt die Frage: wie kann eine Katze, die diesen Namen verdient, ein riesiger Kater wie ich, in einem Haus eingesperrt sein, ohne die geringste Möglichkeit nächtliche Erkundungen zu unternehmen? Wer weiß, wie viele atemberaubende Abenteuer ich verpasse, wie viele aufregende Erlebnisse. Genau genommen erlaubt sich diese Familie, ich weiß nicht aus welchem Grund, eine Katze im Haus zu halten, ohne ihr die geringste Bewegungsfreiheit zu ermöglichen, und sie ist sich nicht bewusst, dass sie einem Lebewesen ein gutes Stück

nessuno può contraddirmi.

Certo nel corso dell'anno, quando loro vanno in vacanza, mi portano in una specie di albergo abitato da due Vecchi. Mi sembra di aver capito che si tratta dei nonni delle due bambine. In questa grande casa, della quale parlerò in seguito, c'è perfino un giardino, ma mi è permesso uscire fuori soltanto se sono legato al guinzaglio, neanche fossi un cane! E allora mi rifiuto di uscire, o almeno, tanto per accontentarli, mi fermo sui primi scalini e guardo gli alberi pieni di uccelli, cioè quelle creaturine a due zampe cui ho già accennato: posso fare un salto per acciuffarli? NO. Anche questo è proibito. E allora niente, mi metto a dormire e sogno tutto ciò che non posso fare nella realtà. È questa la potenza dei sogni. Sono convinto che per tutti gli animali, come pure per gli umani, la grande risorsa per sopravvivere su questa Terra, sia proprio sognare: infatti, quante cose si possono realizzare in quest'altro mondo!

Io sono esperto di sogni e potrei raccontare una quantità di storie, tanto da riempirne diverse biblioteche. Per adesso mi limito alla mia autobiografia reale, quella che vivo giorno dopo giorno a occhi aperti; il tempo mi porterà consiglio, il futuro è aperto davanti a me pieno di prospettive, possibilità che ancora non riesco neanche a indovinare: in fondo, niente di più spettacolare della vita di un gatto, bisogna rendersene conto.

Torno alle creature umane che si occupano di me, diciamo provvedendo soltanto al mio benessere materiale, perché non riescono neanche ad immaginare che io abbia anche necessità di tipo spirituale, necessità che, lo sento già, finiranno con l'avvizzire, proprio come le piante che se non

Leben stiehlt, vielleicht das wichtigste, grundlegendste. Ich weiß, es ist ein goldenes Gefängnis, aber egal aus welchem Metall es gemacht ist, ein Gefängnis ist immer ein Gefängnis, da kann mir niemand widersprechen.

Gewiss, im Jahresverlauf, immer wenn sie in den Urlaub fahren, bringen sie mich in eine Art Hotel, das von zwei Alten bewohnt wird. Ich glaube verstanden zu haben, dass es sich um die Großeltern der beiden Mädchen handelt. In diesem großen Haus, von dem ich später erzählen werde, gibt es sogar einen Garten, aber ich darf nur nach draußen, wenn ich an eine Leine gebunden bin, ganz so als ob ich ein Hund wäre! Da weigere ich mich hinauszugehen, oder, um sie irgendwie zufrieden zu stellen, bleibe ich auf den ersten Stufen stehen und beobachte die Bäume voller Vögel, also die zweibeinigen Kreaturen, von denen ich bereits gesprochen habe: Kann ich einen Sprung machen, um sie zu fangen? NEIN. Auch das ist verboten. Dann eben nicht, und ich schlafe und träume von allem, was ich in Wirklichkeit nicht tun kann. Das ist die Macht der Träume. Ich bin überzeugt, dass träumen tatsächlich für alle Tiere, wie auch für Menschen, der große Schatz ist, um auf dieser Erde zu überleben. In der Tat, wie viele Dinge kann man in dieser anderen Welt verwirklichen!

Ich bin ein Experte für Träume und könnte eine Menge Geschichten erzählen, die viele Bibliotheken füllen würden. Im Moment beschränke ich mich auf meine reale Autobiographie, die ich Tag für Tag sehenden Auges erlebe; aber kommt Zeit, kommt Rat, die Zukunft liegt voller Perspektiven vor mir, Möglichkeiten, die ich noch nicht einmal erahnen kann, schlussendlich gibt es nichts Spektakuläreres als das Leben einer Katze, dessen muss man sich bewusst sein.

Ich komme wieder auf die menschlichen Geschöpfe zu sprechen, die sich um mich kümmern, das heißt, für mein materielles Wohlergehen sorgen, weil sie sich nicht einmal vorstellen können, dass ich auch geistige Bedürfnisse habe, Bedürfnisse, die, wie ich bereits ahne, zugrunde gehen wer-

vengono annaffiate appassiscono e poi muoiono. Se ci penso, vengo sopraffatto da una profonda tristezza e allora smetto anche di saltare dietro a una mosca tanto per ammazzare la noia: senza spunti spirituali infatti la noia prende il sopravvento e allora, cosa diventa questa vita? Non è poi così diversa da quella degli umani, soltanto che loro hanno il lavoro, possono uscire, hanno cento attività che li preservano dalla terribile nemica della vita: la noia, l'abulia, il disinteresse per tutto e alla fine, la depressione, considerata la malattia del secolo. Infatti oggigiorno molti umani hanno fin troppi beni materiali e poco si curano di quelli spirituali. Questa, secondo me, è l'origine della loro malattia.

Lo so, ci sono anche gatti depressi perché non hanno nessuna libertà di azione, in una parola, niente da fare, nessuna lotta per sopravvivere e non sanno neanche sognare, cioè non conoscono la grande scappatoia contro tutte le difficoltà della vita: l'evasione spirituale attraverso i sogni. La capacità di sognare ha qualcosa a che fare con l'intelligenza, con la profondità dell'introspezione, della riflessione? Non lo so. Ma devo fare un'ultima constatazione: purtroppo non tutti i gatti sono dotati di una particolare intelligenza e mi chiedo: quanti miei colleghi sono insensibili, banali, stupidi e ignoranti come il gatto che abita al piano di sotto? Non saprei dirlo perché non ho contatti personali, so però per antica esperienza che il mondo va avanti così; non ci sono molti gatti sapienti, è una realtà che bisogna accettare. Ma chi se ne accorge? Gli umani pensano che i gatti abbiano solo interessi di tipo materiale, cioè la pappa pronta, l'erbetta e la ciotola dell'acqua. Questo è molto avvilente; in un certo senso sono convinti che siamo un po' come loro: solo guadagno, solo denaro, solo potere, solo qui comando io e il piatto pieno di croccantini e altro. Questa mentalità degli umani mi

den, genau wie Pflanzen, die, wenn sie nicht gegossen werden, verwelken und dann absterben. Wenn ich daran denke, werde ich von einer tiefen Traurigkeit überwältigt und dann höre ich sogar auf, hinter einer Fliege herzujagen, um mir die Langeweile zu vertreiben. Ohne spirituelle Denkanstöße nimmt die Langeweile überhand und wozu nützt dieses Leben dann? Es unterscheidet sich nicht so sehr von dem der Menschen, nur dass sie Arbeit haben, sie können hinausgehen, haben hundert Tätigkeiten, die sie vor dem schrecklichsten Feind des Lebens, der Langeweile bewahren: die Willenslosigkeit, das Desinteresse an allem und schließlich die Depression, die als Krankheit des Jahrhunderts angesehen wird. In der Tat haben heutzutage viele Menschen zu viele materielle Güter und kümmern sich wenig um die geistigen Dinge. Das ist meiner Meinung nach der Ursprung ihrer Krankheit.

Ich weiß, es gibt auch deprimierte Katzen, weil sie keine Handlungsfreiheit haben, mit einem Wort, nichts zu tun haben, keinen Überlebenskampf führen, nicht einmal träumen können sie, das heißt, sie kennen den großen Ausweg aus allen Schwierigkeiten des Lebens nicht: die spirituelle Flucht in die Träume. Hat die Fähigkeit zu träumen etwas mit Intelligenz zu tun, mit tiefer Selbsterkenntnis, mit Reflexion? Ich weiß es nicht, aber ich muss eine letzte Feststellung machen: leider sind nicht alle Katzen mit einer besonderen Intelligenz ausgestattet, und ich frage mich: wie viele meiner Artgenossen gefühllos, banal, dumm und ignorant sind, so wie der Kater unter mir? Ich kann es nicht sagen, weil ich fast keine persönlichen Kontakte habe, aber ich weiß aus alter Erfahrung, dass die Welt sich weiterdreht; es gibt nicht viele kluge Katzen, das ist eine Tatsache, die man akzeptieren muss. Aber wem fällt das auf? Menschen denken, dass Katzen nur materielle Interessen haben, nämlich den Fressnapf, das Katzengras und die Wasserschale. Das ist sehr erniedrigend; in gewisser Weise sind sie überzeugt, dass wir ein bisschen wie sie sind: nur Gewinn, nur Geld,

indigna sempre.

Non hanno visioni grandiose (mi riferisco agli umani, sia chiaro), vedono il mondo sempre col paraocchi e solo a senso unico; non sanno aprirsi a nuovi orizzonti, a spazi mai esplorati, a mondi sconosciuti... eccettuato pochi, pochissimi che poi non vengono capiti dal resto della massa. È il destino di chi conosce il valore dello spirito, l'ho sempre detto. Ma nessuno mi ascolta, forse per motivi assai banali di linguaggio: gli umani parlano tutti una quantità di lingue diverse, in un certo modo curioso, che spesso non capiscono neanche loro. Noi gatti ci capiamo in tutto il mondo, la nostra lingua è per modo di dire internazionale o meglio universale, e gli equivoci sono piuttosto rari. Questo è un privilegio della lingua parlata dagli animali; fra noi, se sorgono difficoltà, le origini non sono mai linguistiche, perché ognuno sa per principio cosa vuole l'altro, senza alcun dubbio. Noi abbiamo imparato fin dalla notte dei tempi, fin dalle origini del mondo, a esprimerci in modo chiaro e preciso, diciamo per motivi di sopravvivenza ma anche per una sorta di moralità, mentre per gli umani è stato necessario un processo durato addirittura milioni di anni prima che siano stati capaci di spiccicare una parola, che dico, una frase di senso compiuto e non saremmo certo noi gatti a volerne spiegare le ragioni, quando non lo sanno neanche a loro. Infatti, prima di cercare di farsi capire dall'altro bisogna mettere in movimento certe cellule del cervello, in una parola imparare a ragionare e con chiarezza: soltanto quando sappiamo cosa veramente vogliamo (e qui casca l'asino, povera bestia, costretto a cadere continuamente) possiamo formulare i nostri pensieri. Insomma, prima di parlare bisogna saper pensare, il che sembra un'ovvietà ma al contrario è proprio il primo ostacolo che si presenta alla mente umana, un dono che non è dato a tutti, mentre noi gatti, ma credo tutti gli

nur Macht, nur hier befehle ich und der Napf voller Futter und Ähnliches mehr. Diese menschliche Mentalität empört mich immer.

Sie haben keine großartigen Visionen (ich meine die Menschen, damit das klar ist), sie sehen die Welt immer mit Scheuklappen und nur in einer Richtung; sie können sich nicht neuen Horizonten öffnen, noch nie erforschten Räumen, unbekannten Welten…, mit Ausnahme einiger weniger, sehr weniger, die dann dem Rest der Masse unverständlich bleiben. Es ist das Schicksal derer, die den Wert des Geistes kennen. Aber niemand hört mir zu, vielleicht aus sehr banalen Gründen der Sprache. Die Menschen sprechen alle eine Menge verschiedener Sprachen, auf irgendwie seltsame Weise und oft verstehen sie sie selbst nicht. Wir Katzen verstehen uns auf der ganzen Welt, unsere Sprache ist international oder besser gesagt universell und Missverständnisse sind eher selten. Das ist ein Privileg der von Tieren gesprochenen Sprachen; wenn zwischen uns Schwierigkeiten auftreten, sind die Ursachen nie sprachlicher Art, denn jeder weiß von vorneherein ohne Zweifel, was der andere will. Wir haben seit Anbeginn der Zeiten, seit den Anfängen der Welt gelernt, uns klar und präzise auszudrücken, sagen wir aus Gründen, die mit dem Überleben aber auch mit der Moral zu tun haben, während die Menschen eine Millionen von Jahre dauernde Entwicklung brauchten, bis sie ein Wort artikulieren konnten, einen Satz, der Sinn ergab, und gewiss werden nicht wir Katzen es sein, die die Gründe dafür erklären möchten, wenn nicht einmal sie selbst wissen warum. In der Tat, bevor man versucht, sich dem anderen verständlich zu machen, muss man bestimmte Gehirnzellen in Gang setzen, mit einem Wort klar denken lernen. Erst wenn wir wissen, was wir wirklich wollen (und hier stolpert der Esel[1], armes Tier, gezwungen, ständig hinzufallen), können wir unsere Gedanken artikulieren. Kurz gesagt, bevor man spricht,

---

[1]*E qui casca l'asino*, ironisch für das Auftreten von Fehlern

animali, sappiamo sempre, con chiarezza, cosa vogliamo, cioè abbiamo le idee chiare e quindi possiamo esprimerle senza equivoci.

Ancora un appunto: una volta che prendiamo una decisione, sia banale, come uscire dal proprio nascondiglio o da dietro una porta, che di importanza capitale, quando cioè sappiamo che un nemico ci sta aspettando all'angolo, siamo perfettamente consci delle conseguenze che quell'azione può avere.

Una volta, una sola volta non ho abbastanza riflettuto e ne ho pagato le conseguenze. Ma di questo poi.

Voglio ripetere che ogni azione deve essere ponderata, vederne tutti i possibili lati, positivi e negativi, e non buttarsi allo sbaraglio senza riflettere, come spesso sono costretto a osservare negli umani: quante volte vorrei avvertirli di non reagire di colpo, con quella che nel loro linguaggio si definisce 'spontaneità'. È proprio dalla spontaneità che hanno origine tutti i mali di questa Terra. Bisognerebbe eliminare questa parola e sostituirla con altre, quasi mai usate: riflessione, ponderatezza, cautela.

E devo pensare alla mia ultima avventura... ma preferisco non parlarne, facendo ancora una considerazione: è molto facile avvertire gli altri. Riflessione, ponderatezza, cautela. Non so chi disse qualche millennio fa „predica bene e razzola male", per quello che vuol dire razzolare!

Ma voglio finalmente tornare al nocciolo della mia discussione, iniziato qualche ora fa, cioè descrivere gli umani con i

muss man denken können, was eine Selbstverständlichkeit zu sein scheint, ganz im Gegenteil aber das erste Hindernis ist, das sich dem menschlichen Geist entgegenstellt, ein Geschenk, das nicht jedem gegeben ist, während wir Katzen, ich glaube alle Tiere wissen immer in aller Klarheit, was wir wollen, das heißt, wir haben klare Vorstellungen und können sie daher ohne Missverständnisse ausdrücken.

Noch eine Anmerkung: Sobald wir eine Entscheidung getroffen haben, sei sie auch noch so banal, zum Beispiel wie man aus seinem Versteck oder durch eine Tür kommt, was von entscheidender Bedeutung ist, wenn wir nämlich wissen, dass ein Feind an der Ecke auf uns wartet, sind wir uns der möglichen Folgen dieser Handlung vollkommen bewusst.

Einmal, nur einmal, habe ich nicht genug nachgedacht und habe teuer dafür bezahlt. Aber davon später.

Ich muss wiederholen, dass jede Handlung durchdacht sein muss, alle möglichen Folgen, positive und negative muss man im voraus sehen und sich nicht Hals über Kopf in Gefahren stürzen, wie ich es bei Menschen oft beobachten muss. Oft möchte ich sie warnen, nicht blitzartig zu reagieren, 'spontan', wie das in ihrer Sprache heißt. Gerade aus der Spontanität entspringen alle Übel dieser Erde. Dieses Wort sollte getilgt und durch andere, fast nie verwendete ersetzt werden: Überlegung, Abgewogenheit, Vorsicht.

Und ich muss an mein letztes Abenteuer denken ... möchte aber noch nicht darüber sprechen, stattdessen aber eine andere Überlegung anbringen: Es ist sehr einfach, andere zu warnen. Überlegung, Abgewogenheit, Vorsicht. Ich weiß nicht, wer vor ein paar Jahrtausenden gesagt hat: „Wasser predigen und Wein trinken", was auch immer damit gemeint sein mag!

Ich möchte nun aber endlich zum Kern meiner Ausführungen zurückkehren, den ich vor ein paar Stunden begon-

quali vivo o meglio abito, perché vivere è ben altra cosa, questo lo sanno tutti. LEI è una donna di forme piuttosto poderose rispetto a me, e mi piace definirla tranquilla, pacata, come si può dedurre dal tono della sua voce.

Devo subito sottolineare un limite tipico della mia natura gattesca: come posso descrivere ciò che non conosco? Tanto per cominciare, un essere umano è in ogni caso un soggetto sconosciuto, appartenente a un'altra razza di animali, scientificamente classificata ma non ancora capita, mi sembra abbastanza chiaro. Un gatto ha un modo di ragionare assai logico, lontano mille miglia da quello degli umani: quante volte ho dovuto sentire disquisizioni su temi che nessuno dei contendenti ha mai capito, visto da vicino, sperimentato, basato soltanto sul si dice: io non discuto mai se non sono ben documentato e, devo subito ammettere, non sono affatto sicuro di capire ciò che gli umani dicono. Spesso però mi basta il tono o meglio il suono della voce per capire le cose fondamentali: dicono ciò che pensano o stanno inventando soltanto tanto per parlare?

Mi piace adesso fare una lunga parentesi in questa mia autobiografia per parlare del mio tema preferito: la voce. Intanto non è affatto vero che tutti i gatti hanno la stessa voce, cioè che miagolano tutti allo stesso modo. So di gatti che usano le loro corde vocali con molta ruvidezza, che invece di parlare civilmente urlano e, si sa, a forza di urlare, anche le voci più belle si rovinano. Uno che urla sempre brutalmente è, per esempio, il leone. Non lo posso sentire, per me troppo volgare, primitivo. Mi sembra che dalla fase iniziale di qualche milione di anni non abbia fatto nessun progresso civile, e insieme a lui una quantità di altri suoi simili, tipi dai quali mi guardo bene dall'avere contatti di vicinato. Lo so, noi gat-

nen habe, nämlich die Menschen zu beschreiben, mit denen ich lebe oder besser gesagt wohne, denn leben ist etwas ganz anderes, was jeder weiß. SIE ist eine, im Vergleich zu mir ziemlich kräftig gebaute Frau, die ich als ruhig, gelassen bezeichnen könnte, was man schon aus dem Tonfall ihrer Stimme schließen kann.

Ich muss gleich auf einen für mein katzenhaftes Wesen typischen Mangel zu sprechen kommen, aber wie soll ich beschreiben, was ich nicht kenne? Zunächst einmal ist ein Mensch auf jeden Fall ein unbekanntes Wesen, das einer wissenschaftlich klassifizierten, aber noch nicht verstandenen, anderen Tierrasse angehört, und wie jeder weiß, kann man das, was man nicht kennt, auch nicht verstehen, das scheint mir ziemlich klar zu sein. Eine Katze hat eine sehr logische Denkweise, meilenweit von der der Menschen entfernt. Wie oft musste ich Streitgespräche über Themen hören, die keiner der Beteiligten je verstanden, aus der Nähe gesehen oder erlebt hatte, einzig vom Hörensagen kannte. Ich diskutiere nie, ohne gut informiert zu sein, und ich muss gleich zugeben, ich bin mir nicht sicher zu verstehen, was die Menschen sagen. Aber oft reicht mir der Ton oder vielmehr der Klang der Stimme, um das Grundlegende zu verstehen: sagen sie, was sie denken oder erfinden sie etwas, nur um mitreden zu können?

Mir passt es jetzt, einen langen Absatz in Klammern in meine Autobiografie einzufügen, um über mein Lieblingsthema zu sprechen: die Stimme. Vor allem stimmt es überhaupt nicht, dass alle Katzen dieselbe Stimme haben, dass sie alle auf dieselbe Art miauen. Ich weiß von Katzen, die ihre Stimmbänder sehr grob einsetzen, die, anstatt zivilisiert zu sprechen, schreien und, wie man weiß, das Schreien verdirbt auch die schönste Stimme. Einer, der immer brutal schreit, ist zum Beispiel der Löwe. Ich kann ihn nicht hören, für mich ist er zu vulgär, zu primitiv. Es scheint mir, dass er seit Anbeginn, vor einigen Millionen Jahren, keine zivile Entwicklung durchgemacht hat, und mit ihm eine Reihe von an-

ti, anche se non proprio tutti, ci siamo molto evoluti rispetto ad altri animali, eccettuato quel tipo che conosciamo molto bene... mi riferisco naturalmente al cane, il più miserabile leccapiedi del genere animale.

Ma non voglio sprecarmi in discussioni su chi disprezzo senza concessioni di sorta.

La voce per me è quello che gli umani chiamano identità; è una sorta di carta di riconoscimento, parlando in termini legali; una dichiarazione senza possibilità di equivoci sul loro vero io. Un animale che urla mi dimostra soltanto vigliaccheria, rozzezza e anche una grossa dose di ignoranza. Cosa che, paro paro, è possibile trovare nell'altro tipo possessore di una voce, e cioè negli umani. Faccio solo un'eccezione: gli uccelli, al contrario di tutti gli altri esseri viventi, possiedono un linguaggio assai raffinato, addirittura artistico, a parte i corvi che oltre a un volgarissimo *cra cra* non sanno fare altro. I più nobili di tutti in ogni caso fanno parte del regno vegetale, e cioè gli alberi e i fiori. Loro al massimo sussurrano quando il vento li sfiora, danno il benvenuto alle libellule e alle farfalle che si posano con delicatezza sulle foglioline, accolgono tutti gli insetti, anche quelli che poi li divorano... soltanto noi gatti sentiamo quel discreto fruscio, capiamo il loro linguaggio, perché come è noto, il nostro udito supera quello di moltissimi altri animali, per non dire degli umani.

Ma la voce degli umani è assai duttile, cioè ha le più svariate possibilità di modulazione. Una cosa che mi affascina sempre. Per dirne una: la voce di LEI mi seduce sempre e uso questa parola perché in effetti mi conduce a lei, talmente è piena di fascino, dolcezza, e... insomma, di seduzione pura. Potere di una voce!

Al contrario la voce di LUI spesso mi spaventa, perché ha qualcosa di autoritario, voluto o costituzionale, diciamo, sol-

deren Tieren seiner Art, bei denen ich mich davor hüte, nachbarschaftliche Kontakte zu pflegen. Ich weiß, wir Katzen, wenn auch nicht alle, haben uns im Vergleich zu anderen Tieren weit entwickelt, mit Ausnahme jener Art, die wir sehr gut kennen... ich spreche natürlich vom Hund, dem elendsten Stiefellecker unter den Tieren.

Aber ich will mich nicht in Diskussionen über jemanden einlassen, den ich durch und durch verachte.

Die Stimme ist für mich das, was die Menschen Identität nennen; es ist eine Art Ausweis, juristisch gesehen; eine Festlegung ohne mögliche Missverständnisse über das wahre Ich. Ein schreiendes Tier zeigt mir nur Feigheit, Grobheit und auch eine große Portion Unwissenheit. Was sich übrigens auch bei der anderen Art wiederfindet, die eine Stimme hat, nämlich bei den Menschen. Ich mache nur eine Ausnahme: die Vögel besitzen im Gegensatz zu allen anderen Lebewesen eine sehr raffinierte, sogar künstlerische Sprache, abgesehen von den Krähen, die neben einem vulgären *Kra Kra* nichts anderes können. Die edelsten von allen jedenfalls gehören zum Pflanzenreich, nämlich die Bäume und Blumen. Sie flüstern höchstens, wenn der Wind sie streift, begrüßen die Libellen und Schmetterlinge, die sich sanft auf die Blätter niederlassen, sie begrüßen alle Insekten, auch diejenigen, die sie dann verschlingen ... nur wir Katzen hören das leise Rascheln, verstehen ihre Sprache, weil bekanntermaßen unser Gehör das der anderen Tiere übertrifft, ganz zu schweigen von dem der Menschen.

Die Stimme der Menschen ist sehr geschmeidig, das heißt, sie hat die unterschiedlichsten Möglichkeiten der Modulation, eine Eigenschaft, die mich immer fasziniert. Nur um ein Beispiel zu nennen, IHRE Stimme verführt mich immer und ich benutze dieses Wort, weil es mich tatsächlich zu ihr führt, sie ist voller Charme, Süße und ... kurz und gut, die reinste Verführung. Die Macht einer Stimme!

Im Gegensatz dazu erschreckt mich SEINE Stimme oft, weil sie gewollt oder von Natur aus etwas Autoritäres an

tanto per farsi sentire. Ancora non l'ho capito. Del resto non ho mai capito che ci stia a fare in casa, dato che è sempre LEI a provvedere che la mia ciotola sia sempre piena di pappa, di croccantini, l'acqua da bere... a proposito di acqua. Mi viene in mente un problema: questa gente non ha ancora capito che io bevo con particolare piacere solo l'acqua in cui sono immerse rose, non importa di quale colore, purché siano fresche. Non sempre infatti trovo sul tavolo da pranzo un vaso pieno di rose (gli altri fiori non mi interessano). Il problema diventa cruciale perché per vedere se ci sono rose devo saltare sul tavolo, cosa che, per motivi non chiari, mi è stato decisamente proibito. Ed è proprio in questo momento che sento la voce di LUI, o meglio i suoi urli: „Giù di lì". Se mi vede, appunto, soltanto se mi vede. Per fortuna però Lui se ne sta sempre chiuso in uno stanzino per lavorare e quindi posso fare quello che voglio.

Soprattutto di notte, quando tutti dormono, posso saltare sul tavolo e distendermi lì sopra, indisturbato, tutto il tempo che voglio, annusare i fiori e affondare la mia zampa nel vaso per leccare poi l'acqua che sa di rose. Le rose, nonostante la loro vanità, sono una mia debolezza: avete capito bene, le rose sono vanitose. Ma non solo loro. Tutta la Natura, anzi tutto l'Universo è nato da uno sforzo grandioso dettato soltanto dalla vanità e anche dalla competizione; voglio subito aggiungere che soltanto attraverso questo formidabile atto di vanità è stato possibile uscire dal caos, dal disordine primordiale. Io, gatto che pensa, ho riflettuto che proprio per una sorta di scommessa, per una gara di vanità è nata la grande bellezza degli astri nel cielo, degli alberi e i fiori sul Pianeta Terra; ma la vita stessa, in ogni sua forma, non è altro che una ricerca di bellezza in una gara continua per superare l'altro... ci ha mai pensato qualcuno prima di me,

sich hat, sagen wir; es ist eine Stimme, die gehört werden will. Es ist mir noch nicht ganz klar. Übrigens habe ich nie verstanden, was ER im Haus macht, da doch immer SIE dafür sorgt, dass meine Schüssel mit Katzenfutter, Cookies und Wasser gefüllt ist ... übrigens, was das Wasser betrifft, kommt mir ein Problem in den Sinn: Diese Leute haben noch nicht begriffen, dass ich mit besonderer Freude Wasser trinke, in das Rosen getaucht sind, egal welcher Farbe, solange sie nur frisch sind. Nicht immer finde ich eine Vase Rosen auf dem Esstisch vor (andere Blumen interessieren mich nicht). Das Problem ist nicht ohne, da ich, um zu sehen, ob da Rosen auf den Tisch stehen, hinaufspringen muss, eine Sache, die mir aus unklaren Gründen strengstens verboten wurde. Gerade in dem Augenblick, da ich hinaufspringe, höre ich dann seine Stimme, oder besser gesagt sein Geschrei: „Runter da!" ... wenn er mich sieht, eben, sofern er mich sieht. Zum Glück schließt er sich aber immer in ein kleines Zimmer ein, um zu arbeiten, also kann ich tun, was ich will.

Besonders nachts, wenn alle schlafen, kann ich auf den Tisch springen und mich dort ungestört ausstrecken, so lange ich will, an den Blumen riechen und meine Pfote in die Vase stecken, um dann das Wasser zu schlecken, das nach Rosen riecht. Trotz ihrer Eitelkeit sind Rosen meine Schwäche: ihr habt richtig gehört, Rosen sind eitel. Aber nicht nur sie. Die ganze Natur, ja das ganze Universum entstand aus einer grandiosen Anstrengung, die nur von der Eitelkeit und auch vom Wettbewerb diktiert wurde; ich möchte gleich anfügen, dass es nur durch diesen gewaltigen Akt der Eitelkeit möglich war, aus dem Chaos, aus der ursprünglichen Unordnung herauszufinden. Ich, eine denkende Katze, habe darüber nachgedacht, dass gerade aufgrund einer Art Wette, eines Wettbewerbs der Eitelkeit die große Schönheit der Sterne am Himmel, der Bäume und der Blumen auf dem Planeten Erde entstanden ist. Doch das Leben selbst, in all seinen

Samy?

Gli umani non sono ultimi in queste gare, ne so qualcosa: nel corso dei secoli ho potuto osservare come i più grandi, i più importanti bipedi della Terra sono diventati tali per eccesso di vanità, e quindi sono stati loro stessi le prime vittime di questo pericoloso istinto primordiale, che può essere anche assai distruttivo, come noi gatti sappiamo bene.

Certo, anche i gatti possono essere vanitosi, non tutti, ma molti lo sono. Io non so ancora da che parte sto... ma del resto, cosa sarebbe questo Mondo senza vanità? Ci avete pensato? Sarebbe un mondo senza bellezza, senza ambizioni, senza gare e anche senza rivalità!

Ma che noia...

Ah, la notte!

Durante la notte sono il padrone assoluto di tutta la casa, benché la Piccola abbia proposto di mettere un controllore elettronico per sapere cosa faccio quando loro dormono. Un'azione vergognosa, devo subito dirlo, che per fortuna non hanno ancora realizzato. Ma non si può mai sapere, devo stare molto attento, questo è chiaro.

D'altra parte, tutta la prima parte della giornata ho più o meno libertà assoluta, nel senso che in questa prigione abbastanza spaziosa posso muovermi e soprattutto saltare dove voglio. Chiaro che il mio posto preferito è la finestra, nonostante mi tengano aperta anche la porta sul balcone che dà su una specie di cortile interno; purtroppo però hanno messo una rete, che loro chiamano di protezione, per impedirmi di fare qualche esperimento all'esterno della casa. In poche parole, si tratta di una gabbia all'aperto dove vado soltanto quando loro sono in casa, affinché credano che io ho gradito la loro gentile offerta. Ma la finestra che dà sulla

Formen, ist nichts weiter als eine Suche nach Schönheit in einem ständigen Wettlauf alle anderen zu übertreffen ... hat jemals jemand vor mir, Samy, darüber nachgedacht?

Die Menschen sind nicht die letzten bei diesem Rennen, ich kenne mich da aus. Im Laufe der Jahrhunderte konnte ich beobachten, wie die größten, die wichtigsten Zweibeiner der Erde durch ein Übermaß an Eitelkeit daran teilnahmen und dann selbst die ersten Opfer dieses gefährlichen Urinstinkts wurden, der auch sehr zerstörerisch sein kann, wie wir Katzen wissen.

Natürlich können auch Katzen eitel sein, nicht alle, aber viele sind es. Ich weiß noch nicht, auf welcher Seite ich stehe ... aber was wäre übrigens diese Welt ohne Eitelkeit? Habt ihr darüber nachgedacht? Es wäre eine Welt ohne Schönheit, ohne Ehrgeiz, ohne Wettstreit und auch ohne Rivalität!

Wie langweilig ...

Ah, die Nacht!

Nachts bin ich der absolute Herr des Hauses, auch wenn die Kleine vorgeschlagen hat, eine elektronische Überwachung zu installieren, um zu erfahren, was ich so treibe, wenn sie schlafen. Eine beschämende Sache, finde ich, die sie glücklicherweise nicht verwirklicht haben. Aber man kann nie wissen, ich muss sehr vorsichtig sein, das ist klar.

Andererseits genieße ich den ganzen ersten Teil des Tages mehr oder weniger in absoluter Freiheit in dem Sinne, dass ich mich in diesem ziemlich geräumigen Gefängnis bewegen und vor allem springen kann, wie und wo ich will. Natürlich ist mein Lieblingsplatz das Fenster, obwohl mir auch die Tür auf dem Balkon mit Blick auf eine Art Innenhof zur Verfügung steht; leider haben sie ein Netz angebracht, das sie als Schutz bezeichnen, um mich daran zu hindern, außerhalb des Hauses irgendwelche Experimente zu machen. Kurz gesagt, es handelt sich um einen Käfig im Freien, den ich nur betrete, wenn sie zu Hause sind, damit sie glau-

strada naturalmente è la mia passione, da lì posso godere di una vista più ampia e soprattutto: c'è molto più movimento.

Succede infatti sempre qualcosa e infine, in qualche modo, anche se da lontano, posso partecipare degli avvenimenti che coinvolgono esseri umani e animali. Nessuno immagina cosa accade giorno per giorno, ora dopo ora su una strada: io potrei raccontarne tante di storie, ma mi limito a una coppia di cornacchie che si diverte a buttare qualche noce in mezzo alla strada aspettando che passi una macchina perché le schiacci: appena le noci sono aperte loro corrono a mangiarle. Io questa la chiamo furberia di primo grado. Ma non ho ancora finito. Accanto alla casa ci sono alcuni alberi che ospitano una quantità di uccelli di varia specie, piccoli, medi e grandi, come appunto quelle brutte cornacchie. I merli sono i più chiacchierini, una continua provocazione. Lo so, si burlano di me (mi vedono quando mi affaccio da dietro i vetri della finestra) e me ne dicono di tutti i colori... certo, io come gatto gigante, sono un pericolo per loro, lo sanno molto bene, ma dietro i vetri non posso fare niente e loro ne approfittano per provocarmi.

La mattina, quando anche le due bambine insieme al padre vanno a lavorare (e me ne accorgo perché si caricano di un pesantissimo zaino pieno di chissà quali arnesi di lavoro... in questa casa lavorano tutti, eccettuato me), per tornare soltanto nel primo pomeriggio, viene una donna non ben identificata che per modo di dire mette ordine, facendo un rumore del diavolo con uno strano aggeggio. Credo sia un animale meccanico. Anche qui potrei raccontarne di cose... perché tutto ciò che si trova sul pavimento sparisce per sempre in quel ventre misterioso che si trascina dietro. Mi sembra di aver sentito che si chiama aspirapolvere, strano nome, perché non so proprio di che polvere si tratti. Io non

ben, dass mir ihr freundliches Angebot zusagt. Aber das Fenster, das auf die Straße hinunterschaut, ist natürlich meine Leidenschaft; von dort aus kann ich eine bessere Aussicht genießen und vor allem ist da viel mehr los.

Es passiert in der Tat immer etwas und irgendwie kann ich, wenn auch aus der Ferne, an Ereignissen teilnehmen, die Menschen und Tiere betreffen. Niemand ahnt, was Tag für Tag, Stunde für Stunde auf einer Straße passiert: Ich könnte viele Geschichten erzählen, aber ich beschränke mich auf ein Krähenpaar, das sich damit unterhält, ein paar Nüsse mitten auf die Straße zu werfen und darauf zu warten, dass ein Auto darüber fährt und sie aufknackt: Sobald die Nüsse geknackt sind, rennen sie los und verschlingen die Kerne. Ich nenne das Gerissenheit ersten Grades. Aber ich bin noch nicht fertig. Neben dem Haus gibt es einige Bäume, die eine Menge verschiedener Vogelarten beherbergen, kleine, mittlere und große wie die hässlichen Krähen. Die Amseln sind die größten Schwätzer, eine ständige Provokation. Ich weiß, sie machen sich über mich lustig (sie sehen mich, wenn ich durch das Fenster schaue), und sie hänseln mich nach Strich und Faden ... Natürlich bin ich als Riesenkatze eine Gefahr für sie, das wissen sie sehr gut, aber hinter dem Fenster kann ich nichts tun, und sie nutzen das aus, um mich zu provozieren.

Am Morgen, wenn auch die beiden Mädchen mit ihrem Vater zur Arbeit gehen (ich erkenne das, weil sie einen schweren Rucksack voller, wer weiß welcher, Arbeitsgeräte schultern ... in diesem Haus arbeiten alle, außer mir), um erst am frühen Nachmittag heimzukehren, kommt eine nicht näher identifizierbare Frau, die sozusagen Ordnung schafft, indem sie mit einem seltsamen Gerät einen Höllenlärm macht. Ich glaube, es ist ein mechanisches Tier. Auch hier könnte ich Sachen erzählen ... denn alles, was sich auf dem Boden befindet, verschwindet für immer in einem geheimnisvollen Bauch, den sie hinter sich herzieht. Ich glaube gehört zu haben, dass dieses Ding Staubsauger heißt, ein

ne vedo mai, ma gli oggetti che si mangia li vedo e come! Basta, non voglio occuparmi di questa persona che non ha nessun rispetto per me. Non sa infatti che per le mie orecchie assai sensibili il rumore è micidiale.

Ma lei apre la finestra e io posso finalmente affacciarmi proprio all'aria aperta, cioè senza vetri e neanche rete di protezione. Il merlo senza farsi pregare viene subito nelle vicinanze, si posa su un ramo dell'albero vicino e mi fa gli sberleffi: „su bello... fammi vedere che sei un gatto pericoloso... ciao bello, sei soltanto un gatto incapace di volare" e via di questo passo. Confesso che qualche giorno fa ho perso la pazienza e, adesso devo dirlo, tanto non mi sente nessuno, in poche parole gli ho voluto dare una lezione. Sì, lo ammetto, ho tentato di volare per acciuffarlo e una volta per tutte togliergli la voglia di chiacchierare, soprattutto di provocarmi.

Ebbene, è stato un momento in cui non ho riflettuto, cioè ho avuto una reazione spontanea, proprio come nei sogni: il mio formidabile istinto ha preso il sopravvento su di me e mi sono lasciato trascinare dal mio temperamento. Lo ammetto, non ho tenuto conto di un particolare di fondamentale importanza, cui fino a quel momento non avevo fatto caso: le ali. Certo, ora che ci penso: come mai non ho pensato che per volare sono necessarie le ali? Ho quattro zampe ma neanche un'ala. Un disastro, soprattutto perché tutto è avvenuto assai velocemente e il merlo ha fatto anche in tempo a scappare. Io, lo ammetto con molta vergogna, sono finito miseramente sul marciapiede e ho pure sbattuto il muso da qualche parte, tanto che ho perfino perso qualche goccia di sangue, venuto fuori da una ferita. Quel delinquente mi ha guardato dall'alto del suo ramo, piuttosto basito, e per fortuna non ha osato commentare l'accaduto. Ha soltanto scosso la testa, non so se per la sorpresa o per altro.

seltsamer Name, weil ich wirklich nicht weiß, um welchen Staub es sich handelt. Ich sehe nie welchen, aber die Dinge, die es frisst, sehe ich und wie! Genug, ich will mich nicht mit dieser Person beschäftigen, die keinen Respekt vor mir hat. Denn sie weiß nicht, dass für meine sehr empfindlichen Ohren dieser Lärm mörderisch ist.

Aber sie öffnet das Fenster und ich kann endlich an die frische Luft, das heißt, ohne Glas und ohne Sicherheitsnetz. Die Amsel kommt sofort ungebeten in meine Nähe, setzt sich auf einen Ast des nahen Baumes und veräppelt mich: „Na, Du Schöner ... Zeig mir, dass du eine gefährliche Katze bist ... Servus Du Schöner, du bist nur eine Katze, die nicht fliegen kann“ und weiter in der Art. Ich gestehe, dass ich vor einigen Tagen die Geduld verloren habe und, da mich niemand hört, kann ich es ja sagen, ich wollte ihr kurz gesagt eine Lektion erteilen. Ja, ich gebe zu, ich habe zu fliegen versucht, um sie zu schnappen und ihr ein für alle Mal die Lust am Quasseln und mich zu provozieren zu nehmen.

Nun gut, es war ein Moment, in dem ich nicht nachgedacht habe, das heißt, ich hatte eine spontane Reaktion, gerade wie in den Träumen: Mein außergewöhnlicher Instinkt hat überhandgenommen und ich habe mich von meinem Temperament hinreißen lassen. Ich gebe zu, ich habe ein Detail von grundlegender Wichtigkeit nicht bedacht, über das ich bis zu diesem Zeitpunkt nicht nachgedacht hatte: die Flügel. Gewiss, jetzt, wo ich darüber nachdenke: warum habe ich nicht überlegt, dass man zum Fliegen Flügel braucht? Ich habe vier Beine, aber keinen einzigen Flügel. Eine Katastrophe, vor allem, weil alles sehr schnell ablief und die Amsel sogar noch rechtzeitig entkommen konnte. Und ich, ich gebe es mit großer Scham zu, landete erbärmlich auf dem Bürgersteig und habe mir sogar irgendwo meine Schnauze angeschlagen, so dass ich sogar ein paar Tropfen Blut verlor, das aus der Wunde tröpfelte. Der Verbrecher blickte von seinem Ast auf mich herunter, ziemlich verdutzt und wagte es zum Glück nicht, das Vorgefallene zu kommen-

In fondo è perfettamente cosciente di essere in vantaggio rispetto a tutti gli altri animali perché possiede due ali e non perché ha poteri magici.

RIPETO: Lui vola soltanto perché ha le ali, sia ben chiaro.

Inoltre ho dovuto aspettare davanti al portone di casa che LEI mi venisse a prendere, in grandissima agitazione. Non so come abbia capito che avevo fatto una pazzia, forse mi ha cercato dappertutto e ha visto la finestra aperta. Anche qui: una vergogna senza fine! Subito insieme a LUI, corso per assistere a questa mia sventura, mi ha portato da un tipo col camice bianco, che mi ha anche medicato, dopo aver esaminato tutto il corpo se avevo altre ferite o se mi ero rotto qualche osso. Per fortuna, oltre a quella scalfittura, ero a posto, ma a casa, poi, mi sono fatto una dormita di almeno quattro ore, così hanno detto a qualcuno, al telefono, talmente ero traumatizzato: questa la loro spiegazione. In realtà ero soltanto furioso con me stesso. Che altro potevo fare? Mi sono rifugiato nel mio mondo riservato, quello dei sogni, cui ho già accennato, cercando in tal modo di dimenticare questo smacco vergognoso.

Non ho ancora ricordato, in questa mia autobiografia, le due personcine che almeno quando sono in casa, si occupano molto di me e cercano di divertirmi... per lo meno credono di divertirmi con i loro giochetti, tipo un lungo nastro legato a un bastoncino, o altre sciocchezze del genere, per farmi saltare un po' nella stanza. Non hanno ancora capito che si tratta solo del gioco delle illusioni: fingono di passarmi davanti un oggetto qualsiasi, quasi fosse un uccellino e io, per

tieren. Er hat nur den Kopf geschüttelt, ich weiß nicht, ob vor Überraschung oder sonst was.

Im Grunde genommen ist dem Vogel völlig bewusst, dass er allen anderen Tieren gegenüber im Vorteil ist, weil er zwei Flügel hat und nicht, weil er magische Kräfte besitzt.

ICH WIEDERHOLE: Er fliegt nur, weil er Flügel hat, nur damit das klar ist.

Außerdem musste ich vor der Haustür warten, bis SIE mich in vollster Aufregung holen kam. Ich weiß nicht, woher sie wusste, dass ich eine Dummheit begangen hatte, vielleicht hat sie mich überall gesucht und das offene Fenster gesehen. Wiederum eine abgrundtiefe Schande! Sogleich und gemeinsam mit IHM, der angerannt kam, um zu helfen, brachte sie mich zu einem Mann im weißen Kittel, der mich verarztet hat, nachdem er meinen ganzen Körper nach anderen Wunden untersuchte, ob ich mir etwa den einen oder anderen Knochen gebrochen hätte. Zum Glück war ich, abgesehen von diesem Kratzer in Ordnung, aber zu Hause schlief ich dann mindestens vier Stunden lang, so sagten sie jemandem am Telefon, so sehr traumatisiert war ich, laut ihrer Erklärung. In Wirklichkeit war ich nur wütend auf mich selbst. Was sonst sollte ich auch tun? Ich habe mich in meine mir vorbehaltene Welt der Träume geflüchtet, die ich bereits erwähnt habe, und habe versucht, auf diese Weise diese schändliche Schmach zu vergessen.

Ich habe in meiner Autobiographie noch nicht die beiden kleinen Personen erwähnt, die sich, wenn sie zu Hause sind, sehr um mich kümmern und versuchen mir Spaß zu bereiten ... zumindest glauben sie, mich mit ihren Spielchen zu unterhalten, zum Beispiel mit einem langen Band an einem Stöckchen oder derartigem Blödsinn, um mich ein wenig im Zimmer herum springen zu lassen. Sie haben immer noch nicht begriffen, dass es sich nur um ein Spiel der Illusionen

non deluderle, faccio finta di crederci e salto per acciuffarlo. Una vita piena di inganni, lo ammetto, ma è la situazione che mi costringe a farlo. Certo, se mi mettessero un merlo davanti, cioè il nemico che conosco molto bene, allora vedrebbero ben altri salti, ben altre acrobazie e soprattutto vedrebbero un bel cadavere piumato sul pavimento della stanza. È questo il sogno che si ripete, notte dopo notte, quando dormo, ma anche di giorno quando non sapendo come impiegare il mio tempo libero, schiaccio un pisolino.

Le due bambine hanno un letto a forma di torre, cioè bisogna salire su una scaletta per andare al secondo piano dove si può dormire senza essere disturbati da nessuno: mi piace, perché spesso, quando loro sono al lavoro, di mattina, provo a saltare fin lassù con un balzo solo e devo dire che non sempre mi riesce: per fortuna non mi vede nessuno. In fondo è tutta questione di esercizio, lo so, ma continuo a tentare per mantenere il mio corpo elastico... si sa, gli anni passano per tutti.

È chiaro, loro vanno fuori casa per le loro occupazioni, mentre io sono costretto all'inerzia: lo sanno che anche un gatto ha diritto alla libertà, ma soprattutto all'azione? Pensano che mi basti mangiare e dormire, più qualche carezza ogni tanto per essere felice: anch'io ho diritto a una vita da gatto e, infine, non si vive di sola carne e croccantini, in più dipendere da qualcuno e non disporre della propria libertà. Inoltre, con questa smania della pulizia, non trovo mai un topolino da rincorrere, una mosca, una farfalla o un qualsiasi insetto cui dare la caccia. Niente. Tutto clinicamente (come si suol dire) igienico.

handelt: Sie lassen irgendeinen Gegenstand vor mir vorbei schweben, als wäre es ein Vogel, und ich, um sie nicht zu enttäuschen, gebe vor es zu glauben und springe, um ihn zu fangen. Ein Leben voller Täuschung, das gebe ich zu, aber es ist die Situation, die mich dazu zwingt. Sicher, wenn sie mir eine Amsel vor die Nase setzen würden, das heißt den Feind, den ich sehr gut kenne, dann würden sie ganz andere Sprünge sehen, ganz andere Kunststücke, vor allem aber eine schöne gefiederte Leiche auf dem Boden des Zimmers. Das ist der Traum, der sich Nacht für Nacht wiederholt, wenn ich schlafe, aber auch tagsüber, wenn ich nicht weiß, wie ich meine Freizeit nutzen soll, und ich ein Nickerchen mache.

Die beiden Mädchen haben ein turmartiges Bett, das heißt, man muss eine Leiter hochklettern, um in den zweiten Stock zu gelangen, wo man schlafen kann, ohne von jemandem gestört zu werden. Mir gefällt das, denn oft, wenn sie bei der Arbeit sind, versuche ich morgens mit einem Satz nach oben zu springen und ich muss zugeben, dass es mir nicht immer gelingt, aber zum Glück sieht mich niemand dabei. Im Grunde ist es nur eine Frage der Übung, ich weiß, und ich versuche es immer wieder, um meinen Körper elastisch zu erhalten ... Man weiß ja, die Jahre vergehen für alle.

Es ist klar, sie gehen außer Haus ihren Beschäftigungen nach, während ich zur Untätigkeit gezwungen bin. Wissen sie, dass auch eine Katze das Recht auf Freiheit hat, aber vor allem auf Bewegung? Sie glauben, dass es mir reicht zu essen und zu schlafen und ab und zu gestreichelt zu werden, um glücklich zu sein. Auch ich habe das Recht auf ein Katzenleben, und schließlich lebt man nicht nur von Fleisch und Trockenfutter; wie erniedrigend von anderen abhängig zu sein, nicht über die eigene Freiheit verfügen zu können. Außerdem finde ich wegen dieses Putzfimmels nie eine Maus, eine Fliege, einen Schmetterling oder ein anderes Insekt, das ich jagen könnte. Nichts. Alles klinisch sauber, wie sie sagen.

Ma che noia!

Alle mie esigenze spirituali non pensa nessuno.

D'altra parte mi chiedo come possono capire le mie esigenze spirituali questi umani, tutti gli umani, se non sanno neanche loro cosa sia la spiritualità. E qui mi riferisco alla capacità di pensare, perché dal pensiero nasce la vera spiritualità, una verità a dir poco lapalissiana (spero ci sia ancora in giro qualcuno che sa chi era questo signore).

Nessuno ha mai chiesto a un gatto, ai milioni di gatti che vivono nel mondo, cosa sia la vera vita del pensiero, la cosiddetta meditazione che alcuni, in paesi lontani, hanno cercato di imitare da noi, non so con quali risultati: infatti meditare significa soprattutto chiedersi il perché di tutte le cose, da dove veniamo (anche se noi gatti lo sappiamo già da qualche milione di anni) e soprattutto dove andiamo; qual è lo scopo di questo soggiorno terrestre, quali sono i nostri compiti per salvaguardare questo Pianeta unico e prezioso dallo sfruttamento di certi tipi che ognuno conosce e tutti pretendono di ignorare... basta: si tratta di una ricerca continua, estenuante, senza pause, che dovrebbe occupare i giorni, le notti di ogni essere pensante.

Devo subito concludere queste riflessioni assai profonde con una constatazione assai triste: il percorso di vita che ci è permesso di fare è troppo breve per approfondire tutti questi concetti.

Ci pensa qualcuno di quelli a due zampe? Credo di no, dato che tutti sono solo occupati ad accumulare carne e croccantini. Soltanto un gatto sa astrarsi dalla realtà, dalla banalità della vita di tutti i giorni e questo non soltanto nel mondo dei sogni: noi viviamo in continua contemplazione, sprofondati in riflessioni di importanza capitale e siamo costretti a vedere, con estremo disgusto, come il resto delle

Es ist so langweilig!

An meine geistigen Bedürfnisse denkt niemand.

Andererseits frage ich mich, wie diese Menschen und die Menschen allgemein, meine spirituellen Bedürfnisse verstehen sollen, wenn sie nicht einmal wissen, was Spiritualität ist. Und hier beziehe ich mich auf die Fähigkeit zu denken, denn aus dem Denken entsteht die wahre Spiritualität, das ist, gelinde gesagt, eine Binsenwahrheit.

Niemand hat jemals eine Katze, beziehungsweise die Millionen von Katzen auf der Welt gefragt, was das wahre Gedankenleben ist, die sogenannte Meditation, die einige in fernen Ländern uns nachzumachen versucht haben, ich weiß nicht, mit welchem Erfolg: Meditieren bedeutet in der Tat vor allem, sich nach dem Warum aller Dinge zu fragen, danach woher wir kommen (obwohl wir Katzen das schon seit einigen Millionen Jahren wissen) und vor allem, wohin wir unterwegs sind, welches der Zweck dieses irdischen Aufenthalts ist, welche Aufgaben wir haben, um diesen einzigartigen und wertvollen Planeten vor der Ausbeutung durch bestimmte Typen zu schützen, die jeder kennt und alle ignorieren, doch genug davon. Es handelt sich um eine kontinuierliche, zermürbende, pausenlose Suche, die die Tage und Nächte aller denkenden Wesen ausfüllen sollte.

Ich muss diese sehr tiefgründigen Überlegungen mit einer sehr traurigen Feststellung abschließen: Der Lebensweg, der uns zu gehen gegeben ist, ist zu kurz, um all diese grundlegenden Überlegungen vertiefen zu können.

Denkt jemand von den Zweibeinern darüber nach? Ich glaube es nicht, da alle nur damit beschäftigt sind, Fleischvorräte und Kekse anzuhäufen. Nur eine Katze kann sich von der Realität, von der Banalität des Alltags absetzen und das nicht nur in die Welt der Träume. Wir leben in ständiger Kontemplation, versunken in Überlegungen kapitaler Wichtigkeit und sind mit extremem Widerwillen zu sehen ge-

creature, umane e animali, si limitano a fare la spesa, cioè ad andare a caccia per procurarsi il cibo, senza riservare un solo momento, un solo pensiero allo studio dell'evoluzione dell'Universo e della vita sul nostro Pianeta.

Chi ascolta la voce che viene dal profondo della Terra e grida „aiuto“? Chi, se non noi gatti, è in grado di sentire perfino i sospiri degli alberi, delle erbe, di tutte le piante condannate ad estinguersi? Chi sa individuare in anticipo i rivolgimenti sotterranei prima che scoppi un terremoto? Naturalmente noi gatti e nessun cane. Certo noi siamo dotati di un potentissimo senso dell'udito molto più dei nostri grandi nemici (come sempre sopravvalutati) che però vengono apprezzati più di noi, senza contare gli umani, incapaci di sentire qualsiasi cosa. Ecco perché siamo sempre in ansia: dove sta andando la Terra? In quale parte dell'Universo sta vagando, persa, senza meta, in balia di questi forsennati a due zampe? Se lo chiede qualcuno? Cosa sta accadendo al nostro Pianeta in mano a questi cercatori di benessere materiale e niente altro? Hanno imparato tutti da un Re di non so più quale Paese che dichiarava: „dopo di me... il diluvio!“

E sarà veramente il diluvio, cosa che vedo sempre più spesso dalla finestra di casa, un diluvio che annienterà tutto.

Purtroppo anche noi gatti.

Una volta per tutte devo gridare una verità: i gatti sono i più grandi pensatori della Terra. Soltanto qualche migliaio di anni fa ci sono stati dei Re che se ne sono accorti e hanno tributato gli onori dovuto alla nostra razza gattesca, come ho già accennato all'inizio di questa autobiografia, poi tutto è passato sotto silenzio e amen.

zwungen, wie der Rest der Kreaturen, menschliche wie tierische, sich damit begnügen, einkaufen beziehungsweise auf die Jagd zu gehen, um sich Essen zu beschaffen, ohne auch nur einen einzigen Moment, einen einzigen Gedanken der Entwicklung des Universums und des Lebens auf unserem Planeten zu widmen.

Wer hört die Stimme aus den Tiefen der Erde und schreit: „Hilfe“? Wer, wenn nicht wir Katzen, kann das Seufzen der Bäume, der Kräuter, aller zum Aussterben verdammten Pflanzen hören? Wer kann die unterirdischen Umwälzungen frühzeitig erkennen, bevor die Erde bebt? Natürlich wir Katzen und kein Hund. Sicher, wir sind mit einem äußerst scharfen Gehör ausgestattet, einem viel schärferen als unsere großen Feinde, die aber höher geschätzt werden als wir (wie immer überbewertet), ganz zu schweigen von den Menschen, die unfähig sind irgendetwas zu hören. Deshalb sind wir immer besorgt: Was passiert mit der Erde? Durch welchen Teil des Universums bewegt sie sich, verloren, ziellos, in der Gewalt dieser zweibeinigen Spinner? Fragt sich das irgendjemand? Was geschieht mit unserem Planeten in den Händen dieser Ausbeuter, die nur nach materiellem Wohlstand und nach sonst nichts suchen? Sie alle haben von einem König – ich weiß nicht mehr welchen Landes – nur eines gelernt: „Nach mir die Sintflut!“

Und es wird, wie ich immer öfter vom Fenster aus beobachte, wirklich die Sintflut sein, eine Sintflut, die alles vernichten wird.

Leider auch uns Katzen.

Ein für alle Mal muss ich eine Wahrheit hinausschreien: Katzen sind die größten Denker der Erde. Vor nur ein paar tausend Jahren gab es Könige, die darauf aufmerksam wurden und die unserer Katzenrasse die gebührende Ehre zollten, wie ich bereits zu Beginn dieser Autobiographie erwähnt habe, dann aber legte sich der Mantel des Schweigens darüber und Amen.

Ma voglio tornare alla banalità quotidiana.

Quando arriva il caldo e si vorrebbe finalmente uscire fuori, tutti e quattro e cioè Lei, Lui, la Piccola e la Grande, della quale non ho ancora parlato anche se poi si occupa di me più degli altri, decidono di partire senza di me e mi portano in una specie di albergo tenuto da due Vecchi. La prima volta, ed ero ancora un cucciolo di qualche mese, non ho capito cosa volessero da me e confesso, mi sono nascosto tutta la notte in un buco. Ho pensato che la mia famiglia avesse voluto liberarsi di me e... basta. La Vecchia ha cercato di tirarmi fuori dal buco, l'unico buco che sono riuscito a trovare in questa strana casa, e dopo alcuni tentativi - devo dire che ero anche stanco di stare chiuso al buio - è riuscita a tirarmi fuori cercando, a modo suo, di consolarmi. Lei ha detto che ero sotto shock, per quello che questo voglia dire.

Dopo qualche giorno ho pensato bene di esplorare i locali di questa casa e ho scoperto che questo albergo è costruito tutto in verticale, cioè bisogna salire e scendere una quantità di scale. Devo dire che dopo poco tempo ho trovato assai divertente fare delle corse da un piano all'altro, a tutta velocità, anche perché arrivavo sempre primo! La Vecchia era piuttosto lenta e il Vecchio pure, io invece battevo un Record dopo l'altro, cosa che avrei fatto anche con un albergatore più giovane, questo è sicuro; anzi a volte, nella foga della corsa, non riuscendo a prendere di mira tutte le curve delle scale, era possibile che andassi a sbattere contro il muro... tale era la mia velocità supersonica. Grandi momenti di entusiasmo, lo confesso. Poi avevo la soddisfazione di affacciarmi dal secondo piano e guardarli dall'alto. Una piacere tutto nuovo. Infatti è divertente vedere gli umani dall'alto; nella vita normale sono costretto a guardarli sempre dal basso, il che è veramente umiliante.

In questa casa ho fatto qualche scoperta molto interessante:

Aber zurück zur Banalität des Alltags.

Wenn es warm wird und sie endlich hinaus können, alle vier das heißt Sie, Er, die Kleine und die Große, über die ich noch nicht gesprochen habe, obwohl sie sich mehr um mich kümmert als die anderen, beschließen sie ohne mich zu verreisen und bringen mich in ein von zwei Alten geführtes Hotel. Das erste Mal, da war ich noch ein ein paar Monate altes Kätzchen und verstand nicht, was sie von mir wollten, und ich gestehe, ich versteckte mich die ganze Nacht in einem Loch. Ich dachte, meine Familie wolle mich loswerden und ... Amen. Die Alte versuchte, mich aus dem Loch zu holen, das einzige Loch, das ich in diesem seltsamen Haus finden konnte, und nach ein paar Versuchen – ich muss sagen, ich war es auch leid, im Dunkeln eingesperrt zu sein, – schaffte sie es mich herauszuziehen und auf ihre Weise zu trösten. Sie sagte, ich stünde unter Schock, was immer das heißen mag.

Nach ein paar Tagen überlegte ich mir, die Räumlichkeiten dieses Hauses auszukundschaften und entdeckte, dass dieses Hotel ganz in der Vertikalen angelegt ist, das heißt, man muss eine Menge Treppen hinauf- und hinuntersteigen. Ich muss zugeben, dass ich es nach kurzer Zeit sehr lustig fand, Wettläufe von einer Etage in die andere zu machen, auch weil ich immer der Erste war! Die Alte war ziemlich langsam und der Alte auch, ich habe einen Rekord nach dem anderen aufgestellt, was ich auch mit einem jüngeren Hotelier geschafft hätte, das ist sicher. Manchmal gelang es mir nicht, in der Hitze des Rennens alle Kurven der Treppe richtig anzupeilen, und es konnte passieren, dass ich gegen die Wand prallte ... das lag an meiner Überschallgeschwindigkeit. Große Momente der Begeisterung, ich gebe es zu. Dann hatte ich die Befriedigung, sie vom zweiten Stock herab zu betrachten, es ist lustig, die Menschen von oben zu sehen, denn im normalen Leben muss ich sie immer von unten betrachten, was wirklich demütigend ist.

In diesem Haus habe ich eine sehr interessante Entde-

per prima cosa tutto il giorno e parte della notte, ma non me ne accorgo perché dormo, è possibile ascoltare una musica celestiale, praticamente in tutte le stanze, anche in cucina: so che è la cucina perché hanno messo lì la mia ciotola e mangiano anche loro lì. Devo ammettere che mi piace prendere i pasti sempre in compagnia, eccettuato la notte, quando mi sveglio e ho un particolare languorino allo stomaco che mi costringe a mangiare qualcosina fuori orario.

Tornando alla musica, ho scoperto di essere un appassionato, un cultore di musica classica; quella di oggi mi disturba, anzi mi innervosisce: la musica del passato distende i miei nervi, mi dà un senso di beatitudine. Questo dimostra l'antichità e la nobiltà delle mie origini, e quindi anche la mia grande sensibilità per il bello artistico. Credo non sia necessaria altra spiegazione.

Devo subito aggiungere che questi due Vecchi hanno delle strane abitudini: prima di tutto si alzano la mattina molto tardi, quando il sole è sorto da molte ore. Qui devo ricordare con nostalgia come LUI ogni mattina, appena si fa chiaro si sveglia, va in cucina, traffica un po' in giro, forse ha sete, infatti beve qualcosa, intanto che io lo seguo: so che mi metterà qualcosa da mangiare nella mia ciotola ormai vuota. È il solo momento in cui si cura di me, devo dirlo.

In questo albergo invece, nonostante le mie proteste, i due Vecchi non si alzano dal letto se non quando io divento impaziente e con una zampa sfioro la faccia della Vecchia per svegliarla. Allora si alza stancamente e va in cucina, ma soltanto per darmi qualcosa, perché subito torna su e si rimette di nuovo a letto. Sarà la vecchiaia, ma ho visto che trascorrono molte ore a letto, ognuno nella propria stanza: a questo proposito voglio ricordare che anch'io ho una stanza

ckung gemacht: Den ganzen Tag und einen Teil der Nacht – aber das bemerke ich nicht, weil ich schlafe – ist praktisch in jedem Raum, auch in der Küche eine himmlische Musik zu hören. Ich weiß, dass es die Küche ist, weil sie meine Schüssel dort hingestellt haben und auch sie dort essen. Ich muss zugeben, dass es mir gefällt meine Mahlzeiten in Gesellschaft zu mir zu nehmen, außer nachts, wenn ich aufwache und eine gewisse Leere im Magen spüre, die mich zwingt, etwas außerhalb des Stundenplans zu essen.

Um auf die Musik zurückzukommen: Ich habe festgestellt, ein Fan, ein Liebhaber klassischer Musik zu sein. Die moderne Musik stört mich, sie macht mich sogar nervös. Die Musik vergangener Zeiten beruhigt meine Nerven, sie gibt mir ein Gefühl der Glückseligkeit. Auch das belegt das Alter und den Adel meines Ursprungs und damit auch meine große Sensibilität für künstlerische Schönheit. Ich glaube, da braucht es keine weitere Erklärung.

Ich muss gleich hinzufügen, dass diese beiden Alten seltsame Gewohnheiten haben. Zunächst einmal stehen sie sehr spät am Morgen auf, wenn die Sonne bereits seit einigen Stunden aufgegangen ist. Hier muss ich wehmütig daran denken, dass ER jeden Morgen, gleich nachdem es hell wird und er aufwacht, in die Küche geht, ein wenig herumwerkelt – vielleicht hat er Durst und in der Tat trinkt er etwas – während ich ihm folge; ich weiß, dass er mir etwas zu essen in meine längst leere Schüssel geben wird. Das ist der einzige Moment, muss ich sagen, da er sich um mich kümmert.

In diesem Hotel hingegen, stehen die beiden Alten trotz meiner Proteste nur auf, wenn ich ungeduldig werde und über das Gesicht der Alten mit meiner Pfote streiche, um sie zu wecken. Dann steht sie lustlos auf und geht in die Küche, aber nur, um mir etwas zu geben, weil sie sofort wieder nach oben geht und sich wieder hinlegt. Es wird das Alter sein, aber ich sehe, dass sie viele Stunden im Bett verbringen, beide in ihrem eigenen Zimmer. In diesem Zusammen-

tutta per me, come in ogni albergo che si rispetti, una stanza azzurra e cioè letto e pavimento, per rasserenare i miei sogni.

E ancora altre strane abitudini hanno questi due Vecchi, una delle quali mi rende ogni sera curioso: vanno infatti in una grande sala piena di piante e una quantità di roba che si rompe, dove a me non è mai permesso di entrare, non so proprio per quale motivo, e stanno seduti una di fronte all'altro: sul divano il Vecchio, in poltrona la Vecchia. Due occasioni per me per affilare finalmente le unghie sui braccioli ben foderati della poltrona o del divano, non importa quale dei due, benché abbia una chiara predilezione per la poltrona. C'è solo un problema: loro due hanno qualcosa in contrario. Certo, ci sarebbe il mio falso albero adatto ad assolvere questo servizio, ma è noioso... sempre lo stesso albero posticcio, mentre il bracciolo della poltrona sarebbe un bel diversivo. Purtroppo i due Vecchi non sono d'accordo, l'ho capito subito: è l'unico momento in cui mi sgridano.

Ebbene, devo dire che anche questo è un modo come un altro per combattere la noia: ogni sera, puntualmente dopo cena, questi due aprono la porta magica di questo salone e si siedono ai soliti posti.

Mi sono chiesto ogni volta cosa fanno lì seduti con certe carte in mano: misteri degli umani. Forse fanno la cabala o cercano di vedere nel futuro, chi lo sa? Io penso: ci siamo! È arrivata la mia ora. Questo è il momento di provocarli e farli uscire dal loro noioso tran tran giornaliero, da una sorta di quiete sonnolenta che segna le loro giornate. Aspetto qualche momento fuori la porta, poi, con mossa repentina, mi precipito dentro, un bel salto, prendo di mira il bracciolo della poltrona e comincio ad affilare le mie unghie. Per poco però, perché subito tutti e due si svegliano dal loro quotidia-

hang möchte ich daran erinnern, dass auch ich, wie in jedem anständigen Hotel, mein eigenes Zimmer habe, ein blaues Zimmer, das heißt Bett und Boden sind blau, um meine Träume zu erheitern.

Und noch andere seltsame Gewohnheiten haben die beiden Alten, eine davon erweckt jeden Abend meine Neugier: Sie gehen in einen großen Raum voller Pflanzen und einer Menge zerbrechlicher Dinge, und da darf ich fast nie hinein, ich weiß nicht warum, und da sitzen sie einander gegenüber: der Alte auf dem Sofa, im Sessel die Alte. Zwei Gelegenheiten für mich, endlich die Krallen an den gut gefütterten Armlehnen des Sessels oder des Sofas zu schärfen, egal wo, obwohl ich eine klare Vorliebe für den Sessel habe. Es gibt nur ein Problem: sie haben etwas dagegen. Freilich gäbe es auch meinen Kratzbaum der diesen Dienst leisten könnte, aber es ist langweilig ... immer derselbe künstliche Baum, während die Armlehne des Sessels eine nette Abwechslung wäre. Leider sind die beiden Alten nicht einverstanden, ich habe es sofort verstanden, weil es der einzige Augenblick ist, da sie mich anschreien.

Nun, ich muss sagen, dass auch dies nur eine Möglichkeit wie jede andere ist, um die Langeweile zu bekämpfen: Jeden Abend, pünktlich nach dem Abendessen, öffnen sie die magische Tür dieses Salons und setzen sich auf die üblichen Plätze.

Ich habe mich jedes Mal gefragt, was sie dort mit bestimmten Karten in der Hand machen: menschliche Geheimnisse. Vielleicht Kabbala oder sie versuchen, in die Zukunft zu schauen, wer weiß? Ich denke mir, jetzt ist es soweit! Das ist meine Stunde. Dies ist der Moment, sie zu provozieren und sie aus ihrem langweiligen Trott herauszuholen, aus einer Art schläfrigen Ruhe, die ihre Tage kennzeichnet. Ich warte ein paar Augenblicke vor der Tür, dann stürze ich hinein, ein schöner Satz, visiere die Armlehne des Sessels an und fange an, meine Krallen zu wetzen. Aber nur kurz, weil beide sofort aus ihrer üblichen Trägheit erwachen und

no torpore e si mettono a gridare „Giù di lì", senza contare che la Vecchia, di colpo velocissima, si alza e mi porta di peso davanti al mio albero, che si trova all'ingresso. Una scena che si ripete sera dopo sera. Io, avvilito, mi fermo qualche tempo e rifletto sul da farsi. In realtà aspetto che si calmino prima di tentare un secondo attacco. Infine mi decido ed ecco un nuovo tentativo. Niente, sempre lo stesso risultato. Dopo il terzo tentativo desisto, mi sdraio sul tappeto davanti alla porta e aspetto finché si decidono ad uscire e andare finalmente su, a guardare la televisione.

Anche la televisione mi annoia, così mi infilo sotto il letto della Vecchia facendo finta di dormire.

Ora chiedo al mondo intero se questa è vita.

Nel passato un gatto aveva una vita ricca di avventure, come racconta certa letteratura per bambini e anche per adulti: so di un famigerato gatto con gli stivali, un imbroglione, credo mai esistito nella realtà ma inventato dalla fantasia popolare per dimostrare che soltanto con l'inganno e la ciarlataneria si arriva al successo, chiaramente quello che io chiamo: una proiezione dei peggiori istinti umani su noi animali innocenti. Infatti, come si fa ad attribuire ai gatti avidità, tendenza all'inganno, furfanterie di ogni genere, caratteristiche tipiche di quasi tutti i bipedi implumi? I gatti, come ognuno sa, sono creature assolutamente oneste, scevre da ogni ambiguità criminale: l'ambiguità, una peculiarità puramente umana, viene da loro attribuita anche ad altri esseri viventi, privi come sono di fantasie pulite. Certo, lo so anch'io che per avere una montagna di carne e croccantini più del necessario per vivere, hanno imparato a imbrogliare, a rubare, e magari anche a uccidere: l'ingordigia, l'avidità e non so più che altre spregevoli prerogative tipiche degli umani, non conoscono nessun limite morale.

schreien: „Runter da!“, ganz zu schweigen von der Alten, die mit einem schnellen Ruck aufsteht, mich packt und vor meinem Kratzbaum, der am Eingang steht, absetzt. Eine Szene, die sich Abend für Abend wiederholt. Ich, deprimiert, lasse es eine Zeit lang bleiben und denke darüber nach, was zu tun sei. In Wirklichkeit warte ich nur darauf, dass sie sich beruhigen, bevor ich einen zweiten Angriff wage. Schließlich starte ich einen neuen Angriff. Vergebens. Das Ergebnis ist immer dasselbe. Nach dem dritten Versuch gebe ich auf, lege mich auf den Teppich vor der Tür und warte, bis sie sich endlich entschließen, zum Fernsehen nach oben zu gehen.

Fernsehen langweilt mich auch, also lege ich mich unters Bett der Alten und tue so, als würde ich schlafen.

Und jetzt stelle ich der ganzen Welt die Frage, was das für ein Leben sein soll.

In der Vergangenheit hatte eine Katze ein Leben voller Abenteuer, wie eine bestimmte Literatur für Kinder und auch für Erwachsene erzählt. Ich weiß von einem berüchtigten gestiefelten Kater, einem Betrüger, der, so glaube ich, in Wirklichkeit nie existiert hat, sondern vom Volk erfunden worden ist, um zu beweisen, dass man nur mit Betrug und Scharlatanerie Erfolg hat, das, was ich eindeutig nur als eine Projektion der übelsten menschlichen Instinkte auf uns unschuldige Tiere bezeichnen kann. In der Tat, wie kann man Katzen Gier, Neigung zur Täuschung, Schurkereien aller Sorten vorwerfen, alles typische Merkmale der federlosen Zweibeiner? Katzen sind, wie jeder weiß, absolut ehrliche Geschöpfe, frei von jeder kriminellen Zweideutigkeit. Zweideutigkeit ist eine rein menschliche Eigenschaft, die von ihnen, bar jeder sauberen Phantasie wie sie nun einmal sind, auch anderen Lebewesen zugeschrieben wird. Gewiss, auch ich weiß, dass sie, um eine Unzahl von Fleischmahlzeiten und Kekse zu bekommen – jedenfalls mehr als man zum Leben braucht –, gelernt haben zu betrügen, zu stehlen und vielleicht sogar zu töten: Gefräßigkeit, Gier und ich weiß

Sembrerà strano che un gatto parli di morale, ma io credo che in ogni creatura, in ogni albero, in ogni filo d'erba ci sia un vivo senso di responsabilità ma anche di rispetto per sé e per gli altri, necessario per sopravvivere: già gli antichi romani, antichi solo per modo di dire, perché prima di loro gli egizi avevano capito meglio di ogni altro popolo l'importanza di un gatto, la sua divinità e... basta, di questo ho già parlato. Ma per tornare ai romani, loro sapevano che la morale ha la sua origine nei costumi, nelle usanze e quindi nelle leggi che, in fin dei conti, reggono la vita su questo Pianeta, mentre gli umani non si curano della sopravvivenza dei loro simili e tanto meno del futuro della Terra e quindi non hanno nessuna morale. Vedono solo l'oggi e il loro immediato benessere materiale. Ecco perché hanno inventato questo antipatico gatto, calzato e vestito come loro, quando ognuno sa, che gli stivali sono soltanto un intralcio per camminare speditamente. E poi, ciò che mi disturba ancora di più, è che per infilare questi maledetti stivali deve camminare su due zampe, cioè alzarsi sulle zampe posteriori, proprio come un umano, perdendo la sua caratteristica naturale di creatura a quattro zampe: nessuno ha capito che soltanto con quattro zampe è possibile raggiungere una velocità altrimenti inimmaginabile, come appunto per volare sono necessarie le ali? Un mio lontano parente, il ghepardo, non per niente è la creatura più veloce della Terra. Ovvie verità cui la fantasia popolare non riesce ad arrivare.

Ma una quantità enorme di gatti ha avuto, nel corso dei secoli, qualche successo nel mondo della letteratura; mi piace

nicht mehr, welch andere verachtenswerten typischen Vorzüge der Menschen sonst noch keine moralischen Grenzen kennen.

Es mag seltsam erscheinen, dass eine Katze von Moral spricht, aber ich glaube, dass in jedem Geschöpf, in jedem Baum, in jedem Grashalm ein lebendiges Gefühl der Verantwortung, aber auch des Respekts vor sich selbst und den anderen da ist, notwendig, um zu überleben. Schon die alten Römer, nur sozusagen antik, denn vor ihnen hatten die Ägypter besser als jedes andere Volk die Bedeutung einer Katze verstanden, ihre Göttlichkeit und ... aber davon habe ich schon berichtet. Nur um auf die Römer zurückzukommen, die wussten, dass die Moral ihren Ursprung in den Sitten, Bräuchen und damit in den Gesetzen hat, die schlussendlich das Leben auf diesem Planeten aufrechterhalten, während sich die Menschen nicht um das Überleben ihrer Mitmenschen scheren, geschweige denn um die Zukunft der Erde, weshalb sie keinerlei Moral besitzen. Sie sehen nur das Jetzt und ihren unmittelbaren materiellen Wohlstand. Deshalb haben sie diesen unsympathischen gestiefelten Kater erfunden, und ihn wie sie gekleidet, wo doch jeder weiß, dass Stiefel nur ein Hindernis beim schnellen Laufen sind. Und was mich noch mehr stört ist, dass er, um diese verdammten Stiefel tragen zu können, auf zwei Beinen laufen muss, das heißt, genau wie ein Mensch auf zwei Beinen stehen und seine natürliche Charakteristik als vierbeinige Kreatur aufgeben muss. Hat denn niemand begriffen, dass es nur auf vier Beinen möglich ist, eine Geschwindigkeit zu erreichen, die sonst unvorstellbar wäre, gerade so wie zum Fliegen Flügel erforderlich sind? Ein entfernter Verwandter von mir, der Gepard, ist nicht umsonst die schnellste Kreatur auf der Erde. Offensichtliche Wahrheiten, die für die beschränkte Phantasie des Volkes unverständlich sind.

Eine große Anzahl von Katzen hat im Laufe der Jahrhunderte einige Erfolge in der Welt der Literatur erzielt; ich erinne-

ricordare un certo Murr[2], vecchio ormai di duecento anni, (credo che abbia scritto una quantità di parole in non so che libro) perché pare sapesse leggere e scrivere, imparato dal suo padrone. Già la parola padrone mi rende allergico: infatti, esiste un padrone senza servi? Ma come ognuno sa, un gatto non ha mai avuto un padrone, di nessun genere, quindi non è mai stato un servo. Pare inoltre che questo sedicente padrone avesse anche la cattiva abitudine di frustarlo e lui, sembra incredibile, ha perfino riconosciuto l'importanza della punizione corporale: ha scritto che gli ha fatto bene! Indegno di un gatto. Lo so, nella Storia di questo Pianeta ci sono stati periodi dove la violenza veniva considerata una normalità, ma io mi rifiuto anche solo di pensare che con le punizioni corporali sia possibile raggiungere un qualsiasi successo. In fondo, tutte le nostre azioni hanno un solo fine: il successo o come minimo qualcosa di positivo. Inoltre questo Murr pare avesse uno spirito critico verso la società del suo tempo cosa che, lo dico subito, mi dà molto da pensare, soprattutto se prendo in considerazione questa storia delle frustate a fin di bene.

Tutta roba ammuffita di un passato trapassato: io non so leggere né scrivere, non certo per mancanza di intelligenza, bensì per volontà di madre natura che mi ha fornito di tante altre doti di cui difettano gli umani, con qualche piccolo problema di ordine pratico. In breve: mi manca la facoltà di parlare in diverse lingue e quindi di comunicare anche con gli umani, necessario per farmi capire e quindi per poter passare queste preziose riflessioni ai posteri. Per esprimermi meglio: per volontà di madre natura non mi è possibile arricchire la Storia Universale di queste mie importanti cono-

[2]E.T.A Hoffmann, 1819, *Vita e opinioni del gatto Murr.*

re gerne an einen gewissen Kater Murr[3], mittlerweile zweihundert Jahre alt (ich glaube, er hat eine Menge Wörter in ich weiß nicht mehr welches Buch geschrieben), denn er konnte anscheinend lesen und schreiben, was er von seinem Herren gelernt hatte. Schon allein auf das Wort Herr reagiere ich allergisch: Gibt es denn einen Herrn ohne Diener? Aber wie jeder weiß, eine Katze hat nie irgendeinen Herrn gehabt, also war dieser Murr auch nie ein Diener. Es scheint auch, dass dieser angebliche Herr die schlechte Angewohnheit hatte ihn durchzuprügeln und er, so unglaublich es klingt, hat sogar die Wichtigkeit der Körperstrafe anerkannt: er schrieb, dass sie ihm gutgetan habe! Einer Katze unwürdig. Ich weiß, in der Geschichte dieses Planeten gab es Zeiten, in denen Gewalt als Normalität angesehen wurde, aber ich weigere mich auch nur anzunehmen, dass mit körperlicher Züchtigung irgendein Erfolg erzielt werden könnte. Schließlich haben alle unsere Handlungen nur ein Ziel: erfolgreich zu sein oder sonst etwas Positives zu erreichen. Außerdem scheint dieser Murr der Gesellschaft seiner Zeit kritisch gegenübergestanden zu haben, was mir, ich sage es gleich, sehr zu denken gibt, vor allem wenn ich an diese Geschichte mit den gut gemeinten Peitschenhieben denke.

Alles verstaubte Geschichten einer längst vergangenen Zeit. Ich kann weder lesen noch schreiben, bestimmt nicht aus mangelnder Intelligenz, sondern wegen Mutter Natur, die mich mit so vielen anderen Fähigkeiten ausgestattet hat, an denen es den Menschen mangelt. Kurz gesagt fehlt mir die Fähigkeit verschiedene Sprachen zu sprechen und somit auch mit den Menschen kommunizieren zu können, um mich verständlich zu machen und diese wertvollen Gedanken an die Nachwelt weiterzugeben. Besser gesagt: Weil Mutter Natur es so will, ist es mir nicht möglich, die Weltgeschichte mit diesen meinen wichtigen Erkenntnissen zu be-

---

[3]E.T.A Hoffmann, 1819, *Lebens-Ansichten des Katers Murr.*

scenze. Ecco.

Devo escogitare un sistema per uscire da questo dilemma: mi tocca tacere per il resto dei secoli futuri?

Penso che potrei affidarmi alla mente di un bipede, comunicando con lui attraverso un sistema di telecomunicazione non ancora inventato, o meglio di telepatia, un sistema già sperimentato per trasmettere i pensieri da una persona a un'altra, anche a distanza. Ne so qualcosa.

Devo trovare un interprete dei miei pensieri, una persona in grado di capire i miei messaggi telepatici e trascriverli il più fedelmente possibile.

Sto riflettendo come trovare una soluzione.

Le persone dove abito stabilmente credo sappiano scrivere tutti e quattro, anche la Piccola, non soltanto la Grande, perché vedo che quando tornano a casa si siedono davanti alla loro scrivania e... scrivono, per lo meno penso sia questa la loro occupazione principale, poi si distendono sul letto e leggono: suppongo allora che sappiano leggere e scrivere, ma non so quanto spazio ci sia nelle loro piccole teste per la profondità, o meglio per l'immenso volume dei miei pensieri. Si tratta infatti della somma di migliaia di anni di riflessioni gattesche che io mi sono prefisso di trasmettere alle generazioni future per mezzo di questa modesta autobiografia, modesta nel senso che non riempie alcune centinaia di pagine, come ha fatto quel presuntuoso Murr, ma soltanto una ventina, molto stringate e sintetiche, come è il mio stile di vita, e per questo tanto più significative per la Storia di questo Pianeta.

LEI e LUI stanno tutto il giorno seduti davanti a uno schermo che manda luce anche di notte e toccano i tasti di una strana tastiera: credo si tratti di un nuovo sistema per

reichern.

Ich muss ein System finden, um aus diesem Dilemma herauszukommen: Soll ich für den Rest der nächsten Jahrhunderte schweigen?

Ich denke, ich könnte mich dem Geist eines Zweibeiners anvertrauen, indem ich mit Hilfe eines noch nicht erfundenen Telekommunikationssystems mit ihm kommuniziere, oder noch besser mittels Telepathie, einem bereits erprobten System, Gedanken von einer Person zu einer anderen zu übertragen, auch aus der Ferne. Ich kenne mich da aus.

Ich muss einen Dolmetscher für meine Gedanken finden, jemanden, der meine telepathischen Botschaften verstehen und sie so getreu wie möglich transkribieren kann.

Ich bin am Überlegen, wie ich eine Lösung finden könnte.

Ich glaube, die Leute, bei denen ich wohne, können alle vier schreiben, auch die Kleine, nicht nur die Große, denn ich sehe, dass sie, wenn sie nach Hause kommen, an ihrem Schreibtisch sitzen und ... schreiben, zumindest glaube ich, dass das ihre Hauptbeschäftigung ist; dann legen sie sich auf das Bett und lesen. Ich vermute deshalb, dass sie lesen und schreiben können, ich weiß aber nicht, wie viel Platz in ihren kleinen Köpfen für die Tiefe, oder besser gesagt, für den immensen Umfang meiner Gedanken ist. Es handelt sich in der Tat um die Summe von Tausenden von Jahren katzenartiger Überlegungen, die ich mittels dieser bescheidenen Autobiographie weitergeben möchte, bescheiden in dem Sinne, dass sie nicht einige hundert Seiten füllt, wie die dieses anmaßenden Murr, sondern nur etwa zwanzig, sehr knappe und kurz gefasste Seiten, meinem Lebensstil entsprechend, und gerade deshalb umso bedeutender für die Geschichte dieses Planeten.

SIE und ER sitzen den ganzen Tag vor einem Bildschirm, der auch nachts Licht ausstrahlt, und tippen auf die Tasten einer seltsamen Tastatur; ich glaube, es ist ein neues

scrivere. Ma toccano i tasti con tutte le dita delle due mani e a velocità supersonica, cosa che spesso mi spaventa perché credo che non facciano in tempo a pensare, cioè scrivono senza pensare e questo non mi piace. Anche i due Vecchi dell'albergo dove abito saltuariamente hanno questo schermo luminoso, ma da loro, come c'era da aspettarsi, va tutto a rilento, forse perché anche il loro cervello ormai ha perso la dinamicità che forse aveva in altri tempi. Mi sembra infatti che debbano cercare le parole prima di scriverle e questo mi piace: io sono un tipo molto riflessivo e la velocità è utile soltanto quando si deve agire, non quando si deve sviluppare un pensiero.

Ora devo escogitare un metodo di trasmissione, dopo aver scelto il bipede adatto: forse di notte, quando questo tipo dorme, posso penetrare più facilmente nel suo cervello e fissare i miei pensieri nella sua testa, così la mattina, appena si sveglia, sente improrogabile il desiderio di scrivere ciò che crede di aver pensato durante i momenti di veglia, o anche soltanto sognato: non è così che nasce la scrittura o meglio quello che loro chiamano letteratura? Da che mondo è mondo, è mai esistito un solo letterato che non abbia avuto come suo compagno e ispiratore un gatto? Lo sanno gli umani, tutti molto presuntuosi, che dietro i loro pensieri, gli estri o i cosiddetti colpi di genio, le invenzioni, la poesia e tutto, tutto lo scibile umano, ciò che loro chiamano cultura o meglio civiltà, c'è sempre stato e ci sarà sempre un gatto filosofo che glieli suggerisce durante la notte?

Schreibsystem. Aber sie berühren die Tasten mit allen Fingern beider Hände und mit Überschallgeschwindigkeit, was mir oft Angst macht, weil ich glaube, dass sie es nicht schaffen so schnell zu denken, das heißt, sie schreiben, ohne nachzudenken, und das gefällt mir nicht. Auch die beiden Alten vom Hotel, in dem ich gelegentlich wohne, haben diesen leuchtenden Bildschirm, aber bei ihnen läuft alles, wie zu erwarten war, sehr langsam ab, vielleicht weil ihr Gehirn inzwischen den Schwung verloren hat, den es vielleicht in früheren Zeiten hatte. Mir scheint in der Tat, dass sie die Worte suchen müssen, bevor sie sie schreiben, und das gefällt mir. Ich bin ein sehr nachdenklicher Typ, und Geschwindigkeit ist nur nützlich, wenn man handeln, nicht, wenn man einen Gedanken ausarbeiten muss.

Jetzt muss ich mir eine Übertragungsmethode überlegen, nachdem ich den geeigneten Zweibeiner ausgewählt habe. Vielleicht kann ich nachts, wenn diese Typen schlafen, leichter in ihr Gehirn eindringen und meine Gedanken in ihrem Kopf festmachen, so dass sie morgens, sobald sie aufwachen, den unaufschiebbaren Wunsch verspüren, das niederzuschreiben, was sie in Momenten des Aufwachens glauben gedacht oder auch nur geträumt zu haben. Entsteht nicht so das Schreiben beziehungsweise das, was sie Literatur nennen? Hat es jemals seit der Entstehung der Welt einen Schriftsteller gegeben, der nicht eine Katze als Gefährten und Souffleur besaß? Wissen die Menschen, die ja alle sehr eingebildet sind, dass hinter ihren Gedanken, den Eingebungen, den sogenannten Geistesblitzen, den Erfindungen, der Poesie und alledem, hinter dem ganzen menschlichen Wissen, das heißt hinter allem, was sie Kultur oder besser Zivilisation nennen, es immer eine philosophierende Katze gab und geben wird, die ihnen nachts alles eingibt?

Questo è Burli

Mi chiamo Burli, certo un nome molto plebeo, ma io sono un trovatello e non so chi mi ha dato questo nome, d'altra parte nessuno è responsabile del proprio nome. Non so neanche quanti anni ho e chi era mia madre: se mi guardo posso solo dire che sono tutto nero, eccetto le punte delle zampette e uno schizzetto bianco alla fine della coda. Ecco: sono un gatto nero anche se non del tutto, forse per un errore della natura. Infatti se non sbaglio non ho neanche gli occhi gialli, devo quindi ringraziare la sorte che mi ha affidato a due mani caritatevoli, o meglio a quattro manine di bimbe che mi hanno trovato dentro una scatola, altrimenti non so che fine avrei fatto. Confesso di non ricordare niente, perché allora ero un micetto di qualche mese e le due bambine mi hanno subito adottato, nonostante il colore che gli umani considerano di malaugurio. Credo che neanche i genitori delle bambine fossero d'accordo a prendermi, appunto per via del colore della mia pelle, ma alla fine hanno ceduto... non avevano scelta! Qui vorrei subito fare un appunto:

io sono sempre stato un bravo gattino e continuo a non capire questa storia del colore della pelle; se fossi stato bianco o rosso o verde, nessuno ci avrebbe pensato un momento a prendermi, invece chissà perché il colore nero porta male, pare da secoli, e per via proprio di questo colore sono stati

Das ist Burli

Ich heiße Burli, sicherlich ein sehr plebejischer Name, aber ich bin ein Findelkind und ich weiß nicht, wer mir diesen Namen gegeben hat, andererseits ist niemand für seinen eigenen Namen verantwortlich. Ich weiß nicht einmal, wie alt ich bin oder wer meine Mutter war: wenn ich mich ansehe, kann ich nur sagen, dass ich ganz schwarz bin, bis auf die Ränder meiner Pfoten und einen kleinen weißen Fleck an der Schwanzspitze. Also: Ich bin ein, wenn auch nicht völlig schwarzer Kater, was vielleicht auf einen Fehler der Natur zurückzuführen ist. Wenn ich mich nicht irre, habe ich tatsächlich nicht einmal gelbe Augen, also muss ich dem Schicksal danken, das mich zwei wohltätigen Händen anvertraut hat, oder vielmehr vier kleinen Mädchenhänden, die mich in einer Schachtel gefunden haben, ich weiß nicht, was sonst mit mir passiert wäre. Ich gestehe, dass ich mich an nichts erinnern kann, denn ich war damals ein Kätzchen von wenigen Monaten, und die beiden kleinen Mädchen haben mich sofort adoptiert, trotz der Farbe, die die Menschen als schlechtes Omen betrachten. Ich glaube auch nicht, dass die Eltern der Mädchen damit einverstanden waren, mich aufzunehmen, gerade wegen der Farbe meines Fells, aber am Ende haben sie nachgegeben ... es blieb ihnen keine Wahl! Hier möchte ich gleich eine Anmerkung machen:

Ich bin immer eine brave Katze gewesen und begreife diese Geschichte mit der Farbe des Fells weiterhin nicht. Wäre ich weiß oder rot oder grün gewesen, hätte niemand auch nur einen Gedanken daran verschwendet mich aufzunehmen, stattdessen, wer weiß warum, soll die Farbe

attribuiti a noi gatti neri chissà quali malefatte, in ogni caso portatori di una quantità di disgrazie: io penso che la superstizione, inventata dagli umani, sia una malattia assai grave e praticamente incurabile, dato che non si è ancora trovata un antidoto o medicina per eliminarla.

Devo dire che non ricordo se ero solo, al momento della nascita, infatti non ho visto nessuno accanto a me, forse perché quando un gattino nasce ha gli occhi chiusi e non vede niente. Inoltre non credo e non voglio credere che sia stata la mia mamma a mettermi in una scatola con un biglietto: **Mi chiamo Burli. Portatemi via**. Questo l'ho saputo dopo, me lo hanno raccontato le due bambine: qui ci deve essere stata di mezzo una mano umana, ne sono certo... mia madre mai mi avrebbe abbandonato. Per fortuna era una calda giornata estiva e aggiungo di non aver trascorso una sola notte fuori, dato che sono stato trovato quasi subito, diciamo, qualche ora dopo essere stato abbandonato. Chiaro che la sorte, il destino o chi per lui, è stato benevolo con me.

Adesso che ci penso e facendo le dovute associazioni, capisco l'origine della mia grande passione per le scatole! Quando ne vedo una, non importa la sua grandezza, mi ci infilo subito dentro con estremo piacere, mi rannicchio beato, e mi sembra di ritrovarmi nel grembo materno. Questo richiamo ha qualcosa di ancestrale (bella parola: *ancestrale*, della quale non conosco l'origine, ma a me piace lo stesso) di antico, come antichi siamo tutti noi gatti, anche se non sempre di nobile discendenza, come il mio vicino di casa che me lo fa notare ogni volta che mi vede.

Schwarz anscheinend seit Jahrhunderten das Böse mit sich bringen und gerade wegen dieser schwarzen Farbe sind den schwarzen Katzen, wer weiß welche Untaten zugeschrieben worden, jedenfalls aber scheinen sie Überbringer einer Menge von Unheil zu sein. Ich denke, dass der von den Menschen erfundene Aberglaube eine sehr ernste und praktisch unheilbare Krankheit ist, da noch kein Gegenmittel oder keine Medizin gefunden wurde, um ihn zu beseitigen.

Ich muss sagen, dass ich mich nicht daran erinnern kann, ob ich bei meiner Geburt allein war, denn ich habe niemanden neben mir gesehen, vielleicht, weil die Augen eines Kätzchens bei der Geburt geschlossen sind und es nichts sehen kann. Außerdem glaube ich nicht und will es auch nicht glauben, dass es meine Mutter war, die mich in eine Schachtel gesteckt hat, mit einem Zettel: *Mein Name ist Burli. Nehmt mich mit*. Das habe ich erst später erfahren, die beiden Mädchen haben es mir erzählt. Da muss eine menschliche Hand im Spiel gewesen sein, da bin ich mir sicher ... meine Mutter hätte mich nie im Stich gelassen. Zum Glück war es ein warmer Sommertag, und ich muss hinzufügen, dass ich nicht eine einzige Nacht im Freien verbracht habe, da ich fast sofort gefunden wurde, sagen wir, ein paar Stunden nachdem ich ausgesetzt worden war. Offensichtlich war das Schicksal, die Vorsehung oder wer auch immer, mir wohlgesonnen.

Jetzt, da ich darüber nachdenke und die entsprechenden Verbindungen herstelle, verstehe ich die Ursache meiner großen Leidenschaft für Schachteln! Wenn ich eine sehe, egal welcher Größe, stürze ich mich sofort mit großem Vergnügen hinein, rolle mich selig zusammen und fühle mich wie im Mutterleib. Dieser Lockruf hat etwas Ursprüngliches (schönes Wort: ursprünglich, dessen Herkunft ich nicht kenne, aber ich mag es trotzdem), etwas Uraltes, so uralt wie wir Katzen alle sind, wenn auch nicht immer von edler Abstammung, wie mein Nachbar, der mich jedes Mal darauf hinweist, wenn er mich sieht.

Ma andiamo con ordine: questo tipo abita al piano di sopra e non gli è permesso di uscire. Lui può starsene soltanto sul balcone che dà sul cortile o sul davanzale della finestra di non so quale stanza. Io invece abito al pianterreno e ho tutta la libertà del mondo, benché preferisca sempre andare in giro solo nel cortile e dintorni; infatti, nonostante dall'altra parte della strada ci sia un parco molto interessante, non ho nessuna voglia di rischiare la vita, dato il traffico di questi strane bestie di metallo con quattro ruote che scorrazzano come pazzi. Io sono un gatto prudente e non mi lascio tentare da avventure pericolose come certi tipi di mia conoscenza.

Certo, lui non ha il passato che ho io, lui non è stato abbandonato in un angolo di strada; lui, così mi ha raccontato, è stato addirittura comprato con un sacco di soldoni, proprio soldoni, così ha detto, vantandosi come fa sempre appena mi intravede dal balcone dove siede su un cuscino. Notare bene: su un cuscino riservato solo a lui.

Ma che vita fa? Proprio la vita dei ricchi: non ha niente da fare tutto il giorno, e quando un gatto non fa i suoi giri di ispezione, non si scontra con qualche nemico, non va a caccia e tutto il resto, mi chiedo: che ci sta a fare su questa Terra? Sono certo che è divorato dalla noia, tanto è vero che non fa altro che dormire e apre un occhio solo per guardare se riesce ad acciuffare un uccellino di passaggio.

Io non ho le sue preoccupazione, so come ammazzare il tempo e superare l'intervallo che corre fra la colazione il pranzo e la cena. Io ho degli impegni molto chiari, così mi ha detto la mia padrona, che è poi la mamma delle due bambine: devo tenere la casa e la cantina libera da quei famosi disturbatori che conosciamo tutti. Ed è un gran bel daffare, cioè io mi guadagno il pane o meglio i croccantini, con un la-

Aber der Reihe nach: Dieser Typ wohnt im Stockwerk über mir und darf nicht nach draußen. Er darf nur auf den Balkon mit Blick auf den Hof oder auf der Fensterbank, ich weiß nicht von welchem Zimmer, sitzen. Ich hingegen wohne im Erdgeschoss und habe alle Freiheiten der Welt, obwohl ich es vorziehe, immer nur im Hof und in der Umgebung herumzuspazieren. Tatsächlich gäbe es auf der anderen Straßenseite einen sehr interessanten Park, doch habe ich keine Lust, mein Leben zu riskieren, angesichts des Verkehrs dieser seltsamen metallenen Ungetüme mit vier Rädern, die wie die Verrückten herumrennen. Ich bin eine vorsichtige Katze und lasse mich nicht zu gefährlichen Abenteuern hinreißen, wie gewisse andere, mir bekannte Typen.

Gewiss, er hat nicht meine Vergangenheit, er wurde nicht an einer Straßenecke ausgesetzt; er wurde sogar gekauft, mit einem Batzen Geld, wie er mir erzählte, mit richtig viel Geld, so sagt er, und prahlt, wie immer, wenn er mich vom Balkon aus sieht, wo er auf einem Kissen sitzt. Wohlgemerkt: auf einem Kissen, das nur für ihn reserviert ist.

Aber was für ein Leben ist das? Eben das Leben der Reichen: Er hat den ganzen Tag nichts zu tun, und wenn eine Katze nicht ihre Kontrollgänge macht, nicht mit irgendeinem Feind aneinandergerät, nicht auf die Jagd geht und so weiter, dann frage ich mich: was macht sie dann auf dieser Welt? Ich bin mir sicher, dass sie die Langeweile verzehrt, so sehr, dass sie nichts anderes tut als schlafen und nur gelegentlich ein Auge öffnet, um zu sehen, ob sie einen vorbeifliegenden Vogel erhaschen könnte.

Ich habe seine Sorgen nicht, ich weiß, wie ich die Zeit totschlagen und die Lücke zwischen Frühstück, Mittagessen und Abendessen überbrücken kann. Ich habe ganz klare Verpflichtungen, so hat mir mein Frauchen, das auch die Mutter der beiden Mädchen ist, gesagt: Ich muss das Haus und den Keller von den berühmten Störenfrieden freihalten, die wir alle kennen. Und das ist eine Menge Arbeit, das

voro onorevole, non come quello scioperato del piano di sopra, coccolato da tutta la sua famiglia in modo vergognoso. Certo anch'io vengo coccolato, ma chiaramente me lo merito... non è necessario spiegarne il motivo: io svolgo un'attività che giustifica la mia presenza su questa Terra, mentre quel fannullone, che fra l'altro ingrassa e si allunga in modo spropositato, pensa soltanto al prossimo pasto che gli viene servito puntualmente e secondo i suoi gusti.

Mi ha anche detto che è un gatto di gran razza... ma lo dicono tutti gli umani che hanno quattrini o un blasone da esibire. Infine si dovrebbe sapere ormai che la razza è una sola o meglio due: quella umana e quella animale. Ma credo di sbagliare. In realtà si tratta di una sola razza di creature viventi e, dato che noi siamo stati i primi a popolare questo pianeta, è chiaro che gli umani discendono direttamente da noi animali, come è già stato provato da non so chi; solo che, come tutti sanno, questa strana creatura ha ereditato soltanto i nostri difetti e neanche uno dei nostri pregi. Devo fare un elenco? Mi sembra superfluo, anche perché avrei un elenco lunghissimo, chilometri e chilometri.

Mi chiedo cosa sarebbe del mondo se invece di questi strani animali a due gambe la natura si fosse sbizzarrita a sviluppare un altro tipo di creatura di provenienza diversa, mettiamo, tanto per fare un esempio, di origine vegetale. Intanto, come tutti sappiamo, le piante hanno una sola gamba, per cui non si possono muovere e quindi hanno poche possibilità di organizzarsi e combinare danni contro altri, come fanno al contrario gli umani. Se ne starebbero bravi bravi nel loro posticino e ammirerebbero il cielo, pur con la nostalgia di raggiungerlo, un giorno o l'altro. Ammetto che l'idea di questi alberi umani mi piace molto, anche perché per noi esseri a quattro zampe ci sarebbero molti vantaggi.

heißt, ich verdiene mein Brot, oder besser gesagt das Futter, mit einer ehrbaren Arbeit, nicht wie dieser Nichtsnutz da oben, der von seiner ganzen Familie auf beschämende Weise verwöhnt wird. Natürlich werde auch ich verwöhnt, aber ich habe es eindeutig verdient ... es ist nicht nötig den Grund dafür zu erwähnen: Ich übe eine Tätigkeit aus, die meine Anwesenheit auf dieser Erde rechtfertigt, während dieser Faulpelz, der übrigens immer fetter und übertrieben lang wird, nur an die nächste Mahlzeit denkt, die ihm pünktlich und nach seinem Geschmack serviert wird.

Er hat mir auch gesagt, dass er eine Katze von bedeutender Rasse sei ... aber das sagen alle Menschen, die Geld oder ein Wappen vorzuweisen haben. Schließlich sollte inzwischen bekannt sein, dass es nur eine oder besser zwei Rassen gibt: die menschliche und die tierische. Aber ich glaube, da irre ich mich. In Wirklichkeit handelt es sich nur um eine Rasse von Lebewesen, und da wir die ersten waren, die diesen Planeten bevölkert haben, ist es klar, dass der Mensch direkt von uns Tieren abstammt, wie bereits von, ich weiß nicht wem, bewiesen wurde, leider hat diese seltsame Kreatur, wie jeder weiß, nur unsere Fehler geerbt und nicht eine einzige unserer Tugenden. Soll ich eine Aufstellung machen? Das scheint überflüssig, auch weil die Liste kilometerlang wäre.

Ich frage mich, wie die Welt dastehen würde, wenn es der Natur eingefallen wäre an Stelle dieser seltsamen zweibeinigen Tiere eine andere Art von Lebewesen anderen Ursprungs zu entwickeln, sagen wir, nur um ein Beispiel zu nennen, pflanzlichen Ursprungs. Wie wir alle wissen, haben Pflanzen nur ein Bein, weshalb sie sich nicht fortbewegen können und daher nur wenige Möglichkeiten haben sich zu organisieren und anderen Schaden zuzufügen, wie es hingegen die Menschen tun. Sie würden dann brav an ihren Plätzen bleiben und den Himmel bewundern, wenn auch mit der Sehnsucht ihn eines Tages erreichen zu können. Ich gebe zu, dass mir die Idee dieser Menschenbäume sehr gut

Ma chiudo questa profondissima riflessione e torno al mio vicino di casa, che fra l'altro mi ha detto di discendere per via diretta addirittura da un dio! Qui la presunzione tocca i limiti massimi. Intanto, chi li ha mai visti questi dei? Sì, alla mia domanda ha risposto che migliaia di anni fa la Terra pullulava di dei, finché sono scappati da qualche parte, non era chiaro neanche a lui dove, ma posso immaginare che gli umani si siano stancati di loro e li hanno fatti fuori, come loro abitudine. Insomma, per concludere, lui sa tutto meglio di me essendo un gatto molto istruito, mentre io sono soltanto un gatto qualunque, senza cultura, proprio così ha più volte sottolineato, senza cultura, mentre lui sa molto, appunto perché è di razza pregiata: è come chi dice che essendo per caso nato da una madre nobile è nobile anche lui! E io dico basta: una volta per tutte bisogna smetterla con questa storia della razza, della discendenza, della superiorità. E poi... dobbiamo sempre cercare qualcosa di più alto, di più esclusivo per sentirci qualcuno?

Una madre o un padre di alto lignaggio, una famiglia che spende soldoni soltanto per averlo, una casa con balcone e un cuscino speciale (mi ha spiegato che è rotondo e di falsa pelle con un bordo piuttosto alto così che se dormendo si muove troppo, non cada giù!), tutto senza un vero merito personale, non gli dà alcun diritto di sentirsi superiore a uno come me e a tutte le migliaia di gatti come me. Che vada finalmente a lavorare e ripulire la cantina della sua famiglia dove sento sempre rumoreggiare i soliti inquilini indesiderati. Lui niente, se ne sta sdraiato sul suo lussuoso cuscino e guarda il mondo dall'alto in basso: questa è la spocchia tipica di chi non si è mai tirato su le maniche per guadagnarsi degnamente una porzione di croccantini col sudore della

gefällt, auch weil es für uns Vierbeiner viele Vorteile mit sich bringen würde.

Aber ich schließe diese tiefgründige Betrachtung ab und komme auf meinen Nachbarn zurück, der mir übrigens erzählte, er stamme sogar in direkter Linie von einem Gott ab! Hier überschreitet die Anmaßung jede Grenze. Wer aber hat diese Götter je gesehen? Ja, antwortete er auf meine Frage, vor Tausenden von Jahren habe es auf der Erde von Göttern nur so gewimmelt, bis sie irgendwohin geflohen seien, es sei nicht einmal ihm klar, wohin, aber ich kann mir vorstellen, dass die Menschen ihrer überdrüssig geworden sind und sie sich, ganz nach ihrer Gewohnheit, ihrer entledigt haben. Kurzum, er weiß alles besser als ich, denn er ist ein sehr gebildeter Kater, während ich nur ein gewöhnlicher Kater bin, ohne Kultur, wie er immer wieder betont, während er viel weiß, eben weil er von hochwertiger Rasse ist: es ist wie bei jemandem, der sagt, dass er, weil er zufällig von einer adeligen Mutter geboren wurde, gleichfalls adelig ist! Und ich sage Schluss damit. Wir müssen ein für alle Mal mit dieser Geschichte der Rasse, der Abstammung, der Überlegenheit aufhören. Und außerdem ... müssen wir immer nach etwas Höherem, etwas Exklusiverem streben, um uns selbst wertzuschätzen?

Eine Mutter oder ein Vater von hohem Adel, eine Familie, die viel Geld dafür ausgibt, für eine Wohnung mit Balkon und einem speziellen Kissen (er erklärte mir, dass es rund ist und aus Kunstleder mit einem ziemlich hohen Rand, damit er nicht hinunterfällt, wenn er schläft und sich zu viel bewegt!), all das ohne wirkliche persönliche Verdienste, gibt ihm nicht das Recht, sich jemandem wie mir und all den Tausenden von Katzen überlegen zu fühlen. Soll er doch endlich einer Arbeit nachgehen und im Keller seiner Familie nach dem Rechten sehen, wo ich immer die üblichen unerwünschten Mieter herumlärmen höre. Aber nein, er liegt auf seinem luxuriösen Kissen und schaut auf die Welt herab: Das ist die typische Aufgeblasenheit jemandes, der nie die

sua fronte, dicono gli umani. Ma anch'io, come gatto, so cosa significa darsi da fare, anche senza sudare, rischiando continuamente la pelle.

Si potrebbe dire che muoio d'invidia: il classico risentimento del povero verso il ricco. A parte che non sono povero, dato che la mia padrona mi dà regolarmente da mangiare, ho un ottimo cuscino tutto per me anche se senza bordi rinforzati, un bagno personale sempre pulito, e la libertà di muovermi come voglio: qui si tratta di ben altra cosa. Credo che si chiami giustizia sociale, una forma di civiltà che ai tempi degli dei non esisteva ancora: allora era chiaro che un gatto, figlio di un dio, venisse venerato da una massa di altri gatti ignoranti e magari anche dalla massa ugualmente ignorante degli umani, tutti più o meno schiavi di qualcuno che abitava ai piani nobili. Oggi bisogna dimostrare di valere qualcosa senza ricorrere alle discendenze divine, questo devo dire al mio vicino, appena lo vedo affacciato al balcone della sua casa. Qui si tratta di meritocrazia e non di aristocrazia, perbacco!

Io sono un gatto evoluto, che va con i tempi e non un presuntuoso come quel tipo che crede di essere chissà chi soltanto perché abita al primo piano, il cosiddetto piano nobile... e qui avrei ancora da dire qualcosa: proprio ieri, stando accoccolato sul davanzale della finestra, ho assistito a una scena che mi ha dato tanto da pensare. Lungo il marciapiede di fronte è passato un uomo accompagnato dal suo cane, un tipetto assai baldanzoso, fiero, credo proveniente dal Nord, bianco-grigio, la coda alta, il passo spigliato... insomma, uno assai sicuro di sé. Camminava accanto, dico esattamente accanto al suo padrone, e sembrava assai contento della vita e

Ärmel hochgekrempelt hat, um sich im Schweiße seines Angesichts mit Anstand eine Portion Futter zu verdienen, sagen die Menschen. Aber auch ich als Katze weiß, was es heißt, sich umzutun, auch ohne zu schwitzen, aber ständig seine Haut zu riskieren.

Man könnte sagen, dass ich vor Neid sterbe: das klassische Ressentiment der Armen gegenüber den Reichen. Abgesehen davon, dass ich nicht arm bin, da mein Frauchen mir regelmäßig zu essen gibt und ich ein großes Kissen ganz für mich allein habe, wenn auch ohne verstärktem Rand, ein eigenes Klo, das immer sauber ist, und die Freiheit, mich zu bewegen, wie ich will: da handelt es sich doch um etwas ganz Anderes. Ich glaube, man nennt das soziale Gerechtigkeit, eine Form der Zivilisation, die es zu Zeiten der Götter noch nicht gab: Damals war es klar, dass eine Katze, Nachkomme eines Gottes, von einer Masse anderer unwissenden Katzen und vielleicht auch von der ebenso unwissenden Masse der Menschen verehrt wurde, die alle mehr oder weniger Sklaven von jemandem waren, der in der Herrschaftsetage wohnte. Heute muss man beweisen etwas wert zu sein, ohne sich auf göttliche Abstammung zu berufen, das muss ich meinem Nachbarn sagen, sobald er sich auf dem Balkon seiner Wohnung zeigt. Hier geht es um Verdienste und nicht um Aristokratie, Himmelherrgott!

Ich bin eine fortschrittliche Katze, die mit der Zeit geht, und keine eingebildete, wie der Typ, der sich, für wer weiß wen, hält, nur weil er im ersten Stock wohnt, der sogenannten Beletage ... und diesbezüglich hätte ich noch einiges zu sagen: Gerade gestern, als ich auf dem Fensterbrett saß, wurde ich Zeuge einer Szene, die mir sehr zu denken gab. Auf dem Bürgersteig gegenüber ging ein Mann mit seinem Hund vorbei, einem ziemlich anmaßenden, stolzen kleinen Kerl, ich glaube aus dem Norden, weiß-grau, mit aufgerichtetem Schwanz, lockerem Gang ... kurzum, ein sehr selbstbewusster Kerl. Er lief neben, ich betone genau neben seinem Herrn und schien mit dem Leben und allem sehr zufrieden

di tutto. A pochi passi di distanza seguiva un secondo uomo, piuttosto sciatto, lento, annoiato, uno di quelli che abitano al quinto piano di un palazzo senza ascensore, per intenderci, a suo volta con un cane, anche lui di razza passeggiata-al parco, tanto per spiegare che era solo un non si sa bene cosa. Lui, a differenza del primo, non trotterellava accanto ma dietro al padrone, anzi quasi strisciava con molta umiltà lungo il muro... ad un certo punto, chissà cosa gli passò per la testa, perché decise di camminare anche lui accanto al padrone. Non trascorse un secondo e quel brutto tipo gli sferrò un calcio, proprio così, un calcio. Come si permetteva di camminargli accanto, quasi da suo pari? Allora ho pensato che anche questo è un segno di civiltà: chi abita al piano nobile sa trattare con educazione anche un cane, cioè lo rispetta, perché di altro non si tratta e qui mi riferisco proprio al rispetto, mentre un essere incivile non conosce questo nobile sentimento e pensa di essere più forte soltanto perché sa sferrare calci. Sono rimasto un bel po' a riflettere sull'importanza del piano di casa, e cioè la differenza che passa fra il cosiddetto piano nobile e tutti gli altri piani, pianterreno compreso: ancora una volta mi chiedo chi ha inventato tutte queste cose.

Adesso mi viene in mente uno strano episodio: qualche giorno fa ho assistito a una scena assai curiosa. Come sempre accoccolato sul davanzale della mia finestra, guardavo queste strane bestie di metallo con quattro ruote correre all'impazzata, pensando ai casi miei, o meglio ascoltando un dialogo piuttosto intrigante: un merlo, appollaiato su un ramo di fronte a casa, sbeffeggiava il mio nobile vicino. Dopo qualche minuto vidi volare qualcosa di voluminoso finito miseramente sul marciapiede, a pochi metri da me! Era il nobile gatto del piano di sopra, che evidentemente ha perso l'equilibrio ed è caduto come una pera cotta o qualcosa del

zu sein. Ein paar Schritte dahinter folgte ein zweiter Mann, eher schlampig, langsam, gelangweilt, einer von denen, die im fünften Stock eines Hauses ohne Aufzug wohnen, seinerseits mit einem Hund, einer Promenadenmischung, seinem Herrchen sehr ähnlich. Im Gegensatz zum ersten trottete er nicht neben, sondern hinter seinem Herrchen her, ja, er kroch fast demütig die Wand entlang ... an einem gewissen Punkt, wer weiß, was ihm durch den Kopf ging, beschloss auch er neben seinem Herrchen herzulaufen. Es verging keine Sekunde und der üble Kerl versetzte ihm einen Tritt, tatsächlich, einen richtigen Fußtritt. Wie konnte er es wagen, neben ihm zu laufen, beinahe als Gleichgestellter? Da dachte ich, dass auch das ein Zeichen von Zivilisation ist: Wer in den oberen Etagen wohnt, weiß einen Hund höflich zu behandeln, beziehungsweise respektiert ihn, denn um nichts anderes handelt es sich, und hier beziehe ich mich eben auf den Respekt, während ein unzivilisierter Mensch dieses edle Gefühl nicht kennt und sich für stärker hält, nur weil er Fußtritte austeilen kann. Ich habe eine ganze Weile über die Bedeutung der Etage nachgedacht, das heißt über den Unterschied zwischen der so genannten Dachterrassenwohnung und allen anderen Etagen, einschließlich des Erdgeschosses: Ich frage mich wieder einmal, wer all diese Dinge erfunden hat.

Jetzt fällt mir eine seltsame Episode ein: Vor ein paar Tagen wurde ich Zeuge einer sehr merkwürdigen Szene. Wie immer saß ich auf meinem Fensterbrett und beobachtete diese seltsamen Metalltiere mit vier Rädern, die wie verrückt herum sausen, und hing meinen Gedanken nach, oder besser gesagt, ich lauschte einem spannenden Dialog: eine Amsel, die auf einem Ast vor dem Haus saß, verspottete meinen noblen Nachbarn. Nach einigen Minuten sah ich etwas Voluminöses vorbei fliegen und jämmerlich auf dem Bürgersteig landen, nur wenige Meter von mir entfernt! Es war der noble Kater der oberen Etage, der offenbar das Gleichgewicht verloren hatte und wie eine weichgekochte

genere, proprio davanti a me. Io ho subito pensato: dalle stelle alle stalle. Ecco, una cosa simile a me non potrebbe capitare, primo perché abito appunto al pianterreno, e poi perché non mi metterei mai a discutere con un uccello, anche se si tratta di un merlo che ha sempre qualcosa da dire. Peggio dei merli considero le cornacchie, ma preferisco non parlarne, tanto mi innervosiscono col loro sgraziato gracchiare. A me piacciono i pettirossi e tutti gli uccelli di piccola taglia, perché, devo ammetterlo, sono squisiti... e neanche difficile da acciuffare, come nel caso delle cornacchie.

A proposito di acciuffare, i più veloci sono certo gli scoiattoli e devo ammettere che in tutta la mia carriera di cacciatore sono riuscito soltanto una volta ad afferrarne uno, niente a confronto dei tanti inseguimenti che caratterizzano le mie giornate. Certo la vita di un cacciatore non è sempre facile e non è sempre coronata dal successo, anche questo un dato di fatto che non si può discutere. Ma vale sempre la pena, questo è sicuro. Non posso stare tutto il giorno a sonnecchiare su un cuscino, come fa il mio vicino di casa.

Ma dagli uccellini ho imparato qualcosa di molto importante: loro ogni anno, in primavera, hanno la strana abitudine di metter su casa e cercarsi una compagna, cosa che io non farei mai: le case sugli alberi non fanno per me e le compagne... beh, una noia che non finisce, senza considerare le responsabilità, le seccature, i bisticci: in una parola, io preferisco star solo, per conto mio e se proprio necessario, con una famiglia di umani che provvede alle mie necessità quotidiane, benché se vivessi solo in una foresta, saprei bastare a me stesso, questo è chiaro.

Voglio solo sottolineare un particolare di estrema importanza: un gatto è soprattutto un essere libero, indipendente. Io tengo molto alla mia libertà, inoltre ho le mie idee, le mie abitudini e un modo del tutto personale di intendere la vita.

Birne oder so etwas Ähnliches vor mir herunterfiel. Ich dachte unwillkürlich: von den Sternen in die Ställe[4]. Nun, etwas Ähnliches könnte mir nicht passieren, erstens, weil ich im Erdgeschoss wohne, und zweitens, weil ich mich nie auf eine Diskussion mit einem Vogel einlassen würde, auch wenn es eine Amsel ist, die nie den Schnabel halten kann. Schlimmer als Amseln finde ich Krähen, aber über die rede ich lieber nicht, weil sie mich mit ihrem unangenehmen Gekrächze nerven. Ich mag Rotkehlchen und alle kleinen Vögel, weil sie, ich muss es gestehen, sehr gut schmecken ... und nicht so schwer zu erhaschen sind wie die Krähen.

Apropos erhaschen, die schnellsten sind sicherlich die Eichhörnchen, und ich muss zugeben, dass es mir in meiner gesamten Karriere als Jäger nur ein einziges Mal gelungen ist, eines zu erwischen, nicht zu vergleichen mit den vielen Verfolgungsjagden, die meine Tage prägen. Gewiss, das Leben eines Jägers ist nicht immer einfach und nicht immer von Erfolg gekrönt, auch das ist unbestreitbar. Aber es lohnt sich immer, das steht fest. Ich kann nicht den ganzen Tag auf einem Kissen dösen, wie mein Nachbar.

Von den Vögeln habe ich etwas Wichtiges gelernt: Jedes Jahr im Frühling haben sie die seltsame Angewohnheit, ein Nest zu bauen und einen Partner zu suchen, was ich niemals tun würde: Baumhäuser sind nichts für mich und Partnerinnen ... also bitte, eine unendliche Langeweile, nicht zu vergessen die Verantwortung, die Unannehmlichkeiten, die Streitereien: kurz gesagt, ziehe ich es vor, auf mich alleine gestellt zu sein, und wenn es unbedingt sein muss, mit einer menschlichen Familie zu leben, die sich um meine täglichen Bedürfnisse kümmert, obwohl ich, wenn ich allein in einem Wald leben würde, mich selbst zu versorgen wüsste, dann ist das in Ordnung.

Ich möchte nur ein äußerst wichtiges Detail betonen:

---

[4]Italienisches Sprichwort: *Dalle stelle alle stalle*

Al proseguimento della specie... che ci pensino gli altri. Questa storia del proseguimento è una scusa per togliere la libertà a un individuo: già da tempo ho capito questo trucco di madre natura.

Ma voglio tornare agli uccellini e alla loro smania di fare un nido per metter su famiglia: ne ho osservato alcune coppie e ho fatto le mie riflessioni.

Prima di tutto un lavoro immenso: raccogliere ramoscelli, trovare un posto ben nascosto fra i rami di un albero (nel cortile di casa ci sono due alberi abbastanza imponenti) e poi intrecciare fili di erba e altro materiale fino a mettere su qualcosa che si sostenga da solo e dia rifugio alla nidiata. Tutto il giorno in movimento, e la femmina che guarda e critica il lavoro del marito, senza muovere un dito: questo a me non potrebbe mai succedere! Devo pensare che gli uccelli sono meno intelligenti e meno indipendenti dei gatti? Non hanno capito che un maschio deve imporsi proprio e soprattutto con la femmina? Ma in che mondo viviamo? E non è ancora finito: lei si accoccola sulle uova intanto che lui, sempre più indaffarato, corre a cercare qualcosa da mangiare per lei. E va bene, posso capire che lei debba covare le uova, ma potrebbero darsi il cambio: in fondo non deve fare altro che starsene seduta al calduccio e basta, proprio come il mio vicino di casa. Il mondo è pieno di individui pigri, ma anche di chi si lascia sfruttare, questo è il guaio.

Quando poi nascono i piccoli è un continuo correre per imbeccare queste nuove creature e lui, una vera bestia da soma, deve nutrire tutta la famiglia. Una vita da cani, devo proprio dire. Ma non solo: c'è anche la necessità per il ma-

eine Katze ist vor allem ein freies, unabhängiges Wesen. Ich schätze meine Freiheit, und ich habe auch meine eigenen Ideen, meine Gewohnheiten und meine eigene Art, das Leben zu interpretieren. Um das Fortbestehen der Art ... darum sollen sich andere kümmern. Diese Geschichte mit dem Fortbestand ist eine Ausrede, um einem Individuum die Freiheit zu nehmen: Diesen Trick von Mutter Natur habe ich schon vor langer Zeit durchschaut.

Aber ich möchte auf die kleinen Vögel und ihr Verlangen, ein Nest zu bauen und eine Familie zu gründen, zurückkommen: ich habe einige Paare beobachtet und meine Überlegungen angestellt.

Zunächst einmal ein immenser Arbeitsaufwand: Zweige sammeln, ein gut verstecktes Plätzchen im Geäst eines Baumes finden (im Hof des Hauses gibt es zwei recht imposante Bäume) und dann Grashalme und anderes Material miteinander verflechten, bis sie etwas gebaut haben, das sich selbst trägt und der Brut Schutz bietet. Den ganzen Tag in Bewegung, und das Weibchen schaut zu und kritisiert die Arbeit des Mannes, ohne einen Finger zu rühren: Das könnte mir nie passieren! Muss ich vielleicht annehmen, dass Vögel weniger intelligent und unabhängig sind als Katzen? Haben sie nicht begriffen, dass ein Männchen sich dem Weibchen gegenüber behaupten muss? In was für einer Welt leben wir denn? Und noch nicht genug damit: Sie setzt sich auf die Eier, während er, immer geschäftiger los fliegt, um etwas zu fressen für sie zu finden. Na ja, ich kann ja verstehen, dass sie die Eier ausbrüten muss, aber sie könnten sich doch abwechseln: Schließlich muss sie nichts anderes tun, als im Warmen zu hocken und das war's, genau wie mein Nachbar. Die Welt ist voller Faulpelze, aber auch voller Menschen, die sich ausbeuten lassen, das ist das Problem.

Wenn die Kleinen geschlüpft sind, ist es ein ständiges Rennen, diese neuen Kreaturen zu füttern, und er, ein richtiges Lasttier, muss die ganze Familie füttern. Ein Hundeleben, muss ich sagen. Aber nicht nur das: Das Männchen

schietto di proteggere la famiglia da un possibile aggressore, diciamo, da un tipo come me.

Recentemente ho potuto assistere a una scena che mi ha dato tanto da pensare: io me ne stavo tranquillo ad osservare tutto quell'andirivieni, impressionato, devo dirlo, dall'instancabilità di un pettirosso padre di una famiglia numerosa e mi chiedevo perché mettere tante creature al mondo, con la penuria che pare ci sia su questa Terra. Lui a un certo punto mi notò e andò su tutte le furie: bisognava vederlo come si gonfiato tutto per spaventarmi, urlando a perdifiato chissà quali minacce nella sua lingua uccellesca. Ammetto di non aver capito le parole precise, ma non era necessario. Tutto il tono era estremamente minaccioso e la situazione lo giustificava; ma non aveva capito che io ero soltanto curioso, senza alcuna intenzione negativa. Avevo mangiato abbondantemente e inoltre in qualche modo quei piccolini mi facevano tenerezza, o forse erano troppo piccoli per... basta.

Mi è sembrato di aver capito che ci sono anche sentimenti sconosciuti a noi gatti. Infatti ho tirato le somme, somme piuttosto strane: come mai ci sono tanti gatti nel mondo che, ancora piccoli, come nel mio caso, a un certo punto vengono abbandonati o anche venduti?

Qui è necessario mettersi tranquilli da una parte e riflettere.

È possibile che i miei consanguinei lo abbiano imparato da qualcuno, non certo dagli uccelli, come ho potuto notare da qualche tempo, ma da una creatura vivente che ha la cattiva abitudine di mettere al mondo troppi piccoli per poi disfarsene. Faccio velocemente un conto mentale e purtroppo resto basito; di tutti gli animali che conosco, e sono tanti, ce n'è soltanto uno capace di un'azione simile: l'animale umano, quello a due zampe che tutti conosciamo. Ormai da secoli i gatti sono i loro compagni preferiti, e vengono accettati nelle loro case non certo per motivi umanitari, come qualcu-

muss die Familie auch vor einem möglichen Angreifer schützen, zum Beispiel vor einem Kater wie mich.

Kürzlich wurde ich Zeuge einer Szene, die mir sehr zu denken gegeben hat: Ich beobachtete in aller Ruhe das Kommen und Gehen, beeindruckt von der Unermüdlichkeit eines Rotkehlchens, das Vater einer großen Familie ist, und fragte mich, warum man so viele Lebewesen in die Welt setzt, bei dem angeblichen Nahrungsmangel auf dieser Erde. Irgendwann bemerkte er mich und regte sich furchtbar auf: das musste man gesehen haben, wie er sich aufplusterte, um mich zu erschrecken, und lauthals wer weiß welche Drohungen in seiner Vogelsprache ausstieß. Ich gebe zu, dass ich den genauen Wortlaut nicht verstanden habe, aber das war auch nicht nötig. Der ganze Ton war äußerst drohend und die Situation rechtfertigte ihn; aber er hatte nicht verstanden, dass ich nur neugierig war, ohne jede negative Absicht. Ich hatte reichlich gegessen und außerdem fand ich diese Kleinen irgendwie niedlich, oder vielleicht waren sie zu klein, um ... aber lassen wir das.

Ich glaube verstanden zu haben, dass es auch Gefühle gibt, die uns Katzen unbekannt sind. In der Tat habe ich die etwas seltsame Schlussfolgerung gezogen: Wie kommt es, dass es so viele Katzen auf der Welt gibt, die dann, wenn sie noch klein sind, irgendwann, wie in meinem Falle, ausgesetzt oder sogar verkauft werden,?

Da muss man ruhig bleiben und überlegen.

Möglich ist, dass es meine Blutsverwandten von jemandem gelernt haben, sicherlich nicht von den Vögeln, wie ich vor einiger Zeit feststelle konnte, sondern von einem Lebewesen, das die üble Angewohnheit hat, zu viele Junge in die Welt zu setzen, um sie dann loszuwerden. Ich gehe alles im Kopf durch und bin bestürzt. Von allen Tieren, die ich kenne, und das sind viele, ist nur eines zu einer solchen Tat fähig: der Mensch, der Zweibeiner, den wir alle kennen. Katzen sind mittlerweile seit Jahrhunderten ihre bevorzugten Begleiter und werden nicht, wie manche meinen, aus humani-

no penserebbe, ma perché sono sempre stati i più bravi ad eliminare quella famosa genia di tormentatori dei quali ho già parlato in precedenza. E purtroppo, proprio dagli umani, queste nobili creature hanno imparato a... non oso dirlo, a disfarsi dei propri figli. Ne so qualcosa per esperienza diretta.

A conti fatti, anche il mio borioso vicino di casa è stato venduto dalla madre per una certa somma di denaro, che lui definisce soldoni: in realtà anche lui è un trovatello, un piccolino abbandonato, come me, sempre con la partecipazione di un umano, che ci ha fatto pure un certo guadagno pecuniario.

Quanto più... non so quale parola usare, dico, quanto più affettuosi, generosi, altruisti sono gli uccelli! Loro non abbandonano i loro piccoli, li nutrono e li proteggono fino a quando sono in grado di badare a se stessi, al contrario dei gatti e degli umani.

Il mondo dovrebbe essere governato dagli uccelli. Questa è la conclusione alla quale dopo lunga riflessione sono arrivato. E non è poco.

tären Gründen in ihren Häuser akzeptiert, sondern weil sie schon immer am besten darin waren, das berühmte Geschlecht der Quälgeister zu eliminieren, von dem ich bereits gesprochen habe. Und leider haben diese edlen Geschöpfe von den Menschen gelernt ... ich wage es nicht auszusprechen, sich ihrer Kinder zu entledigen. Ich weiß davon aus eigener Erfahrung.

Alles in allem wurde auch mein nichtstuerischer Nachbar von seiner Mutter für eine gewisse Summe, die er als großen Batzen bezeichnet, verkauft: in Wirklichkeit ist auch er ein Findelkind, ein ausgesetzter Knirps, wie ich, immer unter Beteiligung eines Menschen, der auch einen gewissen finanziellen Gewinn daraus gezogen hat.

Um wie vieles liebevoller, großzügiger, altruistischer, ich weiß nicht, welches Wort ich benutzen soll, dahingegen doch Vögel sind! Sie lassen ihre Jungen nicht im Stich, sie füttern sie und beschützen sie, solange sie nicht für sich selbst sorgen können, ganz im Gegensatz zu Katzen und Menschen.

Die Welt sollte von Vögeln regiert werden. Zu diesem Schluss bin ich nach langem Überlegen gekommen. Und das ist nicht wenig.

Il mio punto di vista

Mi presento: mi chiamo Tina, ho tre anni e otto mesi. Qualche giorno fa sono riuscita a impossessarmi di un aggeggino che usa sempre la mamma per parlarci dentro e ho deciso di fare lo stesso anch'io. Temo sia un discorso piuttosto lungo, ma tanto io ho una quantità di tempo a disposizione, senza contare che nessuno mi ascolterà nei secoli futuri. In realtà mi propongo di dimostrare di avere ricordi e opinioni sul mondo e sulla vita in generale come nessuno riesce a immaginare: con queste mie riflessioni intendo dimostrare il contrario, soprattutto agli increduli. Che sono tanti.

Dunque, tutto incominciò nel momento stesso in cui una forte spinta, proveniente non so da dove, mi costrinse a passare attraverso un canale stretto come un accidente. Un affare non da poco, anche perché alla fine, per sopravvivere, o meglio per togliermi da quell'impaccio e farla finita, ho dovuto aprire una porta a forza di colpi di testa. Una fatica immane, posso confermarlo ancora oggi, anche perché continuo a sognare quasi ogni notte lo stesso martirio. Ma per fortuna, prima dell'ultimo sforzo, terrorizzata, anzi fuori di me dallo spavento, riesco sempre a svegliarmi urlando a più non posso. Mi calmo soltanto quando qualcuno mi solleva dal letto nonostante i miei tre anni e più, mi prende in braccio e mi coccola un poco, con voce assonnata, per non dire rassegnata. Con sollievo mi accorgo allora che si è trattato

Meine Sicht der Dinge

Ich stelle mich vor: mein Name ist Tina, ich bin drei Jahre und acht Monate alt. Vor ein paar Tagen gelang es mir ein kleines Gerät zu erwischen, das Mama immer benutzt um hineinzureden, und ich habe beschlossen, das auch zu tun. Ich fürchte, es wird ein ziemlich langer Vortrag werden, aber ich habe viel Zeit zur Verfügung, ganz davon zu schweigen, dass mir in den kommenden Jahrhunderten eh niemand zuhören wird. In Wirklichkeit möchte ich beweisen, dass ich Erinnerungen und Meinungen über die Welt und das Leben im Allgemeinen habe, wie es sich niemand vorstellen kann: mit diesen Überlegungen möchte ich vor allem den Zweiflern das Gegenteil beweisen ... und von denen gibt es viele.

Also, es begann in dem Moment, als ein starker Druck, ich weiß nicht woher, mich zwang, durch einen furchtbar engen Kanal zu schlüpfen. Keine kleine Anstrengung, denn schließlich musste ich, um zu überleben beziehungsweise um mich aus dieser Verlegenheit zu befreien und um die Sache zu Ende zu bringen, eine Tür mittels Kopfstößen öffnen. Eine immense Anstrengung, das kann ich heute noch bestätigen, auch weil ich fast jede Nacht von demselben Martyrium träume. Vor der letzten Anstrengung, verängstigt, sogar außer mir, wache ich glücklicherweise immer auf und schreie, so laut ich kann. Ich beruhige mich erst, wenn mich jemand trotz meiner drei und mehr Jahre aus dem Bettchen holt, mich in die Arme nimmt und mich mit ein wenig schläfriger, um nicht zu sagen mit etwas resignierter Stimme liebkost. Dann stelle ich erleichtert fest, dass es nichts

soltanto di un sogno e basta.

Come dimenticare poi le urla di quella persona che in seguito venne fuori essere mia madre, cioè colei che fino a quel momento mi aveva portato in grembo? Chi l'avrebbe detto: la mamma, proprio quando avrei avuto più bisogno di aiuto, non ha fatto niente, proprio niente per venirmi incontro, anzi ha continuato a spingere per costringermi a passare lungo quel canale stretto e buio, gridando a più non posso.

Cosa che continua a fare ancora adesso:

«Attenta, lo scalino. Stai ferma lì, non ti muovere. Non toccare l'interruttore della luce, quante volte ti devo ripetere di non mettere le manine dappertutto? E smettila di saltare nelle pozzanghere che ti bagni tutta.» E così via. Inutile stare ad elencare le frasette proibitive che mi sento ripetere giorno dopo giorno. Sempre la stessa solfa. Neanche fossi scema! Non ha ancora capito che devo fare le mie esperienze, che devo scoprire il mondo: che ci starebbe a fare il mondo se non venisse scoperto da me?

Senza dire che altrimenti mi annoierei a morte.

Lei mi chiuderebbe in gabbia, cosa che del resto ha tentato di fare, molto tempo fa, con la scusa di insegnarmi a muovere i primi passi: una specie di girello con le ruote, di età antidiluviana. Naturalmente lo aveva portato la nonna... secondo loro avrei dovuto trascinarmelo dietro! Chiaro che mi sono messa a urlare, rifiutandomi di fare anche un solo passo. Così sono state costrette a rimettermi in libertà, con grande delusione della nonna:

«Ai miei tempi tutti i bambini hanno imparato a camminare così. Questa bambina è particolarmente capricciosa», ha sentenziato scuotendo la testa. Lo so, fin dal primo momento ha avuto questa opinione di me, e nessuno riuscirà mai a farle cambiare idea.

als ein Traum war.

Wie könnte man denn die Schreie jener Person vergessen, die sich später als meine Mutter entpuppte, beziehungsweise als die, die mich bis zu diesem Augenblick in ihrem Schoß getragen hatte? Wer hätte das gedacht: meine Mutter, gerade als ich am meisten Hilfe brauchte, tat nichts, wirklich nichts, um mir entgegenzukommen, sondern fuhr fort mich weiterzuschieben, um mich durch diesen engen und dunklen Kanal zu drängen, und schrie, dass es lauter nicht ging.

Was sie übrigens immer noch tut:

»Achtung Stufe. Bleib da stehen, rühr dich nicht. Nicht den Lichtschalter anfassen, wie oft muss ich wiederholen, dass du mit deinen Händchen nicht alles anfassen sollst? Und hör auf, in die Pfützen zu hüpfen, du wirst ja ganz nass.« Und so weiter. Nutzlos die Verbote aufzulisten, die ich Tag für Tag zu hören bekomme. Immer dieselbe Leier. Ganz so als wäre ich blöde! Sie hat immer noch nicht verstanden, dass ich meine Erfahrungen machen muss, dass ich die Welt entdecken muss: was hätte die Welt für einen Sinn, wenn sie nicht von mir entdeckt werden würde?

Ganz zu schweigen davon, dass ich mich sonst zu Tode langweilen würde.

Sie würde mich in einen Käfig sperren, was Sie übrigens vor langer Zeit unter dem Vorwand versuchte, mir die ersten Schritte beizubringen: eine Art Gehschule mit Rädern, aus vorsintflutlichen Zeiten. Natürlich hatte das die Großmutter mitgebracht ... sie meinten, ich hätte das hinter mir herziehen sollen! Klar, dass ich zu schreien begann und mich geweigert habe, auch nur einen Schritt zu tun. Also waren sie gezwungen, mich zu befreien, sehr zur Enttäuschung der Großmutter.

»Zu meiner Zeit haben alle Kinder so laufen gelernt. Dieses Mädchen ist besonders launisch«, hat sie geurteilt und den Kopf geschüttelt. Ich weiß, sie hat von Anfang an diese Meinung von mir gehabt und niemand wird sie jemals dazu

Ma torniamo a quel fatidico momento, quello che ho sentito dire dalla mamma viene definito 'il trauma della nascita'. E loro lo chiamano trauma! Io lo chiamerei il momento più pericoloso che una povera creatura innocente, senza alcuna colpa, deve affrontare per vedere la luce del sole. Ma chi lo vuole vedere questo sole? Me lo ha chiesto qualcuno, forse? Io avrei preferito continuare a nuotare in quel liquido tiepido, nella semioscurità, ben protetta, ben nutrita, per tutti i secoli a venire. E invece niente. Sono stata costretta a vedere la luce del sole, che fra l'altro mi acceca gli occhi; con estrema crudeltà poi sono stata separata con un colpo netto dalla fonte di ogni mio benessere. Ho sentito una voce che diceva „ma lo avete tagliato quel benedetto cordone ombelicale?" Subito c'è stato perfino qualcuno, credo lo stesso del cordone ombelicale, che ha pensato bene dí assestarmi un bel colpetto alla schiena per farmi tossire, e io sorpresa anzi spaventata mi sono messa a urlare a più non posso, sputando una quantità di liquido. I miei primi urli, in quella che qui tutti chiamano 'vita'.

Non sapevo di avere una voce. In quel luogo dove mi trovavo prima sentivo dei suoni provenienti dall'esterno, attutiti dalla parete che mi separava dal quel mondo: io stessa me ne stavo zitta e buona e dormivo, più o meno tranquillamente, cullata da certi movimenti provocati dalla persona che mi portava. A volte mi preoccupava il pensiero di quel mondo che si annunciava da fuori; sentivo infatti certe voci: "signora, questa è una bambina" e un'altra voce, sempre la stessa che sentivo continuamente: "una bambina? È sicura dottoressa? Mio marito avrebbe preferito un maschietto..."

Allora sono una bambina, ho pensato la prima volta, chissà cosa vorrà dire, ma come fanno a saperlo? "Guardi, signo-

bringen, ihre Meinung zu ändern.

Aber zurück zu diesem schicksalhaften Moment, der, soweit ich das von meiner Mutter gehört habe, als 'Geburtstrauma' bezeichnet wird. Sie nennen es Trauma! Ich würde es als den gefährlichsten Augenblick bezeichnen, den eine arme, unschuldige Kreatur ohne jegliche Schuld durchmachen muss, um das Sonnenlicht zu erblicken. Aber wer will sie schon sehen, diese Sonne? Hat mich das vielleicht jemand gefragt? Ich hätte es vorgezogen, weiter in dieser warmen Flüssigkeit zu schwimmen, im Halbdunkel, gut behütet, gut genährt, für alle zukünftigen Jahrhunderte. Aber daraus wurde nichts. Ich wurde gezwungen, das Licht der Sonne zu schauen, das übrigens meine Augen blendet; mit äußerster Grausamkeit wurde ich dann auf einen Schlag von der Quelle all meines Wohlbefindens getrennt. Ich habe eine Stimme gehört, die fragte: „Aber habt ihr denn diese verdammte Nabelschnur durchtrennt?" Da war dann gleich jemand, ich glaube der Gleiche wie der mit der Nabelschnur, der mir einen richtigen Schlag auf den Rücken versetzt hat, um mich zum Husten zu bringen und ich, völlig überrascht, das heißt sogar erschrocken, habe angefangen zu schreien so laut ich konnte, und habe eine Menge Flüssigkeit ausgespuckt. Meine ersten Schreie in dem, was alle hier 'Leben' nennen.

Ich wusste nicht, dass ich eine Stimme hab'. An dem Ort, an dem ich vorher war, hörte ich Geräusche von außen, durch die Wand gedämpft, die mich von jener Welt trennte. Ich selbst war schweigsam und brav und schlief mehr oder weniger ruhig, geschaukelt von gewissen Bewegungen, die von der Person verursacht wurden, die mich trug. Manchmal beunruhigte mich der Gedanke an diese Welt, die sich von außen ankündigte; ich hörte in der Tat einige Stimmen: „Signora, es ist ein Mädchen" und eine andere Stimme, dieselbe, die ich ständig hörte: „Ein Mädchen? Sind Sie sicher, Frau Doktor? Mein Mann hätte einen Buben bevorzugt ..."

Also bin ich ein Mädchen, dachte ich beim ersten Mal,

ra, la vede la sua bambina?" Io non vedevo nessuno e quelli di fuori vedevano me! Una bella indiscrezione. E un'altra volta, la stessa voce di prima: "Signora, di certo è una bambina... glielo assicuro... suo marito dovrà mettersi il cuore in pace e tentare una seconda volta" e l'altra voce subito: "sa, ma noi abbiamo pianificato un solo bambino...". Mi chiedo ancora adesso cosa significhi pianificare. Ad ogni modo io sono stata pianificata, ma devono aver sbagliato qualcosa. Una grande incognita per me: mi avrebbero accettata anche così? Certo mi arrovellavo su come sarebbe potuta continuare la mia esistenza, in che forma, come avrebbe reagito il marito della persona che mi portava dentro la sua pancia; avevo la testa piena di pensieri, riflessioni, e qualche nera previsione sul futuro che forse mi aspettava dietro quella porta.

E infatti, urlando, sono entrata definitivamente in questa, definita dalla nonna – così almeno dicono si chiami una donna anziana che viene a trovarci soprattutto quando la mamma esce per fare spese – 'una valle di lacrime'. Non so perché una valle e confesso di non sapere neanche cosa sia; anche la parola mi sembra strana: valle... valle, me la ripeto senza trovarci neanche un po' di gusto.

A proposito: ho scoperto che il mondo è pieno di parole strane. Ci ho pensato già da tempo. Quanto poi a lacrime, lì so già di cosa si tratta. La mia cosiddetta vita è cominciata proprio così, lacrime e lacrime che non volevano uscire dagli occhi. Non so più perché piangevo, o meglio urlavo, senza lacrime però. Un mistero che non si chiarirà mai.

O forse... forse comincio a ricordare un enorme vuoto. Sì, un vuoto dentro e fuori di me; un indefinibile senso di abbandono, di solitudine e soprattutto un enorme spazio fra me e me. Non riesco a spiegarmi: era come se fra me e me si fosse

wer weiß, was das bedeutet, aber wie wollen sie das wissen? „Schauen Sie, sehen Sie ihr Mädchen?“ Ich sah niemanden und die draußen sahen mich! Ganz schön taktlos. Ein anderes Mal sagte dieselbe Stimme von vorhin: „Signora, es ist ganz bestimmt ein Mädchen ... ich versichere es Ihnen ... ihr Mann muss sich damit abfinden und es noch einmal versuchen“, und die andere Stimme gleich darauf: „Wissen Sie, wir haben nur ein Kind geplant ...“ Ich frage mich immer noch, was planen heißt. Jedenfalls wurde ich geplant, aber sie müssen irgendetwas falsch gemacht haben. Das große Rätsel für mich: würden sie mich auch so akzeptieren? Natürlich habe ich mich mit der Frage abgemüht, wie meine Existenz wohl weitergehen würde, in welcher Form, wie der Ehemann der Person, die mich in ihrem Bauch trug, reagieren würde; ich hatte den Kopf voller Gedanken, Überlegungen und einige dunkle Vorahnungen bezüglich meiner Zukunft, die mich vielleicht hinter jener Tür erwartete.

Und in der Tat betrat ich schreiend dieses ‘Tal der Tränen’, so genannt von einer alten Frau, die sie Großmutter nennen und die uns vor allem dann besucht, wenn Mama zum Einkaufen geht. Ich weiß nicht, warum ein Tal und ich gestehe, dass ich auch nicht weiß, was das sein soll; auch das Wort scheint mir seltsam: Tal ... Tal, ich wiederhole es immer wieder, ohne auch nur den geringsten Gefallen daran zu finden.

Diesbezüglich habe ich entdeckt, dass die Welt voller seltsamer Worte ist. Ich habe schon lange darüber nachgedacht. Was dann die Tränen anbelangt, weiß ich bereits, was das ist. Mein sogenanntes Leben hat genau so begonnen, Tränen über Tränen, die nicht aus den Augen quellen wollten. Ich weiß nicht mehr, warum ich weinte, oder besser gesagt warum ich schrie, aber ohne Tränen. Ein Geheimnis, das sich nie entschlüsseln wird.

Oder vielleicht ... vielleicht erinnere ich mich an eine riesige Leere. Ja, eine Leere in und außerhalb von mir; ein undefinierbares Gefühl der Verlassenheit, der Einsamkeit und

interposto un grande vuoto. Un passato senza futuro, cioè solo un presente privo di significato, di speranza. Una situazione senza via d'uscita. Ecco perché piangevo. A volte mi sorprendo ancora adesso in questa disperata situazione: solitudine e vuoto, e nessuna possibilità di tornare là dove ero stata prima, beata, senza pensieri... anzi credo che in quel tempo non sapessi pensare come oggi, era come se qualcosa penetrasse nel mio cervello senza che io me ne accorgessi. No. Non si trattava di pensieri ma di qualcosa d'altro che non so spiegare. Forse c'è una parola che io non conosco, che però descrive questo groviglio di sensazioni che piano piano si intrufolavano nel mio cervello e prendevano radice, nel senso che proliferavano come le piantine che vedo nei vasi del balcone. Penso che già in quel luogo si accumulassero i semi di quei pensieri che man mano vengono fuori proprio adesso. Basta. È una storia troppo complicata. In fondo non è così importante, non si può capire tutto.

Meglio smettere e tornare alle mie lacrime.

A pensarci bene, da piccina non avevo lacrime perché urlavo a occhi chiusi. E poi un bel giorno, senza alcun motivo, mi sono accorta che quando piangevo certe goccioline venivano fuori dagli occhi. Incredibile, mi piacevano tanto, perché avevano un gusto piccante e mi lavavano la faccia senza acqua. Una cosa molto strana. Ho sentito subito una voce che diceva: „guarda, piange con le lacrime!" E così adesso so piangere anche con le lacrime, proprio come i grandi.

La mamma, o meglio la persona che si autodefinisce 'mamma', dice che sono una bambina che strilla sempre. Ha mai pensato perché strillo tanto? Io sì, ci ho pensato, anzi ho fat-

vor allem ein riesiger Raum zwischen mir und mir. Ich kann es mir nicht erklären: es war, als ob sich zwischen mir und mir eine große Leere geschoben hätte. Eine Vergangenheit ohne Zukunft, das heißt nur eine Gegenwart ohne Sinn, ohne Hoffnung. Eine Situation ohne Ausweg. Deshalb weinte ich also. Manchmal finde ich mich selbst jetzt noch in dieser hoffnungslosen Situation wieder: Einsamkeit und Leere, und keine Möglichkeit, dorthin zurückzukehren, wo ich vorher gewesen war, selig, gedankenlos ... ich glaube sogar, dass ich damals nicht so wie heute denken konnte; es war, als würde etwas in mein Gehirn eindringen, ohne dass ich es merkte. Nein. Es handelte sich nicht um Gedanken, sondern um etwas anderes, das ich nicht erklären kann. Vielleicht gibt es ein Wort, das ich nicht kenne, das aber diesen Gedankenwirrwarr von Empfindungen beschreibt, die sich langsam in mein Gehirn einschleichen und Wurzeln schlagen, in dem Sinne, dass sie sich wie Pflanzen vermehren, die ich in den Töpfen auf dem Balkon sehe. Ich glaube, dass sich an diesem Ort bereits die Samen jener Gedanken angehäuft haben, die gerade jetzt allmählich keimen. Genug. Das ist eine zu komplizierte Geschichte. Im Grunde ist es nicht so wichtig, man kann nicht alles verstehen.

Ich sollte besser aufhören damit und zu meinen Tränen zurückkehren.

Wenn ich es genau bedenke, hatte ich als Kind keine Tränen, weil ich mit geschlossenen Augen schrie. Und dann, eines schönen Tages, bemerkte ich ohne irgendeinen Grund, dass mir einige Tröpfchen in die Augen traten, wenn ich weinte. Unglaublich, ich mochte sie so sehr, weil sie einen pikanten Geschmack hatten und mein Gesicht ohne Wasser wuschen. Eine sehr seltsame Sache. Ich habe sofort eine Stimme gehört, die sagte: „Schau, sie weint Tränen!" Und so kann ich jetzt auch mit Tränen weinen, genau wie die Erwachsenen.

Mama, oder besser gesagt die Person, die sich selbst 'Mama' nennt, sagt, dass ich ein Mädchen bin, das ständig

to profondissime riflessioni sul fatto che i bambini piangono spesso, anzi urlano a più non posso per protesta: oltre al problema del vuoto e della solitudine, se ne aggiunge uno molto più importante, sempre più attuale: l'impotenza. Proprio così.

Noi bambini viviamo in piena dittatura: infatti ci dobbiamo sottoporre alla volontà degli adulti, giorno dopo giorno, ora dopo ora, minuto dopo minuto. Vorrei vedere loro se dovessero obbedire continuamente a un qualche tirannello che detiene il potere assoluto. Sia ben chiaro: tutti i bambini del mondo vivono in una società fondata sulla dittatura degli adulti, convinti, come tutti i dittatori, di avere sempre ragione. A noi nessuno chiede mai cosa vogliamo: se vogliamo mangiare e cosa vogliamo mangiare; dormire e meglio ancora non dormire; giocare o soltanto osservare il mondo e fare i nostri esperimenti. Loro decidono per noi, sempre 'per il nostro bene', così dicono tutti i tiranni del mondo, ognuno lo sa, e a noi resta una sola possibilità: gridare. Non conosciamo un altro sistema di protesta.

A proposito del pianto dei bambini potrei scrivere pagine e pagine; ogni volta che sento qualche mio collega piangere (bella la parola collega, la dice sempre papà e quasi quasi mi sembra di capire che si riferisce a tipi come lui) comincio a interpretarne la portata o meglio l'espressione: c'è il pianto di protesta, e quello mi sembra di averlo già descritto; ma anche di stanchezza, di noia, di rabbia e quello più straziante, di disperazione.

Oh, i bambini disperati mi fanno tanta pena e a volte mi sembra che il mondo sia pieno di bambini disperati.

Odio i genitori snervati, impazienti, irritati per i loro problemi personali: io quelli li infilerei diritti diritti in prigione.

schreit. Hat sie jemals darüber nachgedacht, warum ich so viel schreie? Ich schon, ich habe darüber nachgedacht, ja ich habe tiefschürfende Überlegungen darüber angestellt, wieso Kinder so oft weinen, beziehungsweise aus Protest mit aller Kraft schreien. Zu dem Problem mit der Leere und der Einsamkeit kommt noch eine wichtigere, immer aktuellere Ursache hinzu: die Machtlosigkeit. Genau das ist es.

Wir Kinder leben in einer totalen Diktatur: in der Tat müssen wir uns Tag für Tag, Stunde für Stunde, Minute für Minute dem Willen der Erwachsenen unterwerfen. Ich würde gerne sie sehen, wenn sie ständig irgendeinem kleinen Tyrannen gehorchen müssten, der die absolute Macht innehat. Damit das klar ist: alle Kinder dieser Welt leben in einer Gesellschaft, die in der Diktatur der Erwachsenen begründet ist, die wie alle Diktatoren überzeugt sind, immer recht zu haben. Uns fragt nie jemand, was wir wollen: ob und was wir essen wollen, ob wir schlafen oder besser noch nicht schlafen wollen, ob wir spielen oder einfach nur die Welt beobachten und unsere Experimente machen wollen. Sie entscheiden für uns, immer 'zu unserem Wohl', das sagen alle Tyrannen dieser Welt, jeder weiß das, und uns bleibt nur eine Möglichkeit: schreien. Wir kennen keine andere Art des Protests.

Über das Weinen der Kinder könnte ich Seiten über Seiten füllen. Jedes Mal, wenn ich einen meiner Kollegen weinen höre (ein schönes Wort, das Wort Kollege, Papa sagt es immer und ich glaube fast zu verstehen, dass er sich auf Typen wie sich selbst bezieht), fange ich an, die Tragweite oder besser gesagt den Ausdruck zu hinterfragen: da ist das Weinen aus Protest, und das glaube ich bereits beschrieben zu haben, aber auch das der Müdigkeit, der Langeweile, der Wut und das herzzerreißendste, das der Verzweiflung.

Oh, verzweifelte Kinder tun mir so leid und manchmal habe ich das Gefühl, dass die Welt voller verzweifelter Kinder ist.

Ich hasse wegen ihrer persönlichen Probleme entnervte,

Ecco un'idea colossale: costruire una prigione solo per genitori impazienti e snervati. Senza considerare quelli violenti che picchiano i bambini per ogni piccola cosa, sfogando su di noi, creature indifese e in ogni caso innocenti, le loro private frustrazioni.

Ho riflettuto a lungo e sono arrivata alla conclusione che c'è molta gente che non meriterebbe di avere bambini; in realtà è una grande fortuna avere accanto delle creature meravigliose, piene di vita come sono appunto tutti bambini del mondo, solo i ciechi non se ne accorgono.

Non so se per ignoranza o cattiva volontà, tutti gli adulti, inclusi i genitori non sono in grado di capire la nostra lotta quotidiana per guadagnarci un posticino in questo mondo fatto a misura di adulto e non di bambina. E poi non sanno cosa sia la sorpresa di una scoperta; non vedono come noi le meraviglie della natura, gli alberi, il cielo, gli insetti e tutti gli animaletti che popolano i prati; non sono capaci di osservare lo scorrere del tempo, e quindi i cambiamenti dei colori della luce, dalla mattina alla sera, cosa che avviene sotto gli occhi di tutti. Infatti, ho l'impressione che non siano in grado di osservare, di riflettere su quanto accade davanti e intorno a loro, troppo occupati dai loro piccoli problemi personali (credo si dica così). Forse lo hanno soltanto disimparato, perché penso che anche loro siano stati bambini come noi e quindi hanno fatto le nostre stesse esperienze, man mano però hanno smesso di osservare e poi di vedere e di sentire: sono diventati ciechi e sordi, poveri adulti! Infine, per concludere, questo enorme pensamento: gli adulti non sono capaci di vivere come noi bambini, perché hanno perso la capacità naturale di godere di tutte le piccole grandi cose che la vita ci offre giorno dopo giorno. E chi non sa godere non sa neanche amare: questa mi sembra la scoperta del se-

ungeduldige, verärgerte Eltern: ich würde sie direkt ins Gefängnis stecken. Das ist eine kolossale Idee: ein Gefängnis nur für ungeduldige und entnervte Eltern. Ohne die Gewalttätigen in Betracht zu ziehen, die Kinder wegen jeder Kleinigkeit schlagen, und so ihre persönlichen Enttäuschungen an uns, hilflosen und auf jeden Fall unschuldigen Kreaturen auslassen.

Ich habe lange darüber nachgedacht und bin zu dem Schluss gekommen, dass es viele Menschen gibt, die es nicht verdienen Kinder zu haben. Es ist in Wirklichkeit ein großes Glück, so wunderbare Wesen voller Leben neben sich zu haben, wie es eben alle Kinder der Welt sind, nur die Blinden merken das nicht.

Ich weiß nicht, ob aus Unwissenheit oder Unwillen, aber alle Erwachsenen, auch die Eltern, sind nicht in der Lage, unseren täglichen Kampf zu verstehen, um uns ein Plätzchen auf dieser Welt zu erobern, die nur auf Erwachsene und nicht auf uns Kinder zugeschnitten ist. Außerdem wissen sie nicht, was die Überraschung einer Entdeckung ist; sie sehen nicht wie wir all die Wunder der Natur, die Bäume, den Himmel, die Insekten und alle die kleinen Tierchen, die die Wiesen bevölkern; sie sind nicht in der Lage, den Lauf der Zeit und damit die Veränderung der Farben des Lichts, vom Morgen bis zum Abend zu beobachten, die sich vor aller Augen vollziehen. In der Tat habe ich den Eindruck, dass sie nicht in der Lage sind, zu beobachten, darüber nachzudenken, was vor und um sie herum geschieht, so beschäftigt wie sie mit ihren kleinen persönlichen Problemen sind (so sagt man doch, glaube ich). Vielleicht haben sie es nur verlernt, denn ich denke, dass auch sie Kinder wie wir gewesen sind und deshalb die gleichen Erfahrungen wie wir gemacht haben, aber sie haben aufgehört zu beobachten und dann zu sehen und zu hören: Sie sind blind und taub geworden, arme Erwachsene! Abschließend möchte ich noch diesen enormen Gedanken erwähnen: Erwachsene können nicht so

colo! Ma la parola amore non mi piace, perché sotto questa parolina gli adulti riescono a nascondere una tale quantità di significati. „Amore, vieni qui, devi lavare i dentini. Amore non sporcare il pavimento. Amore, metti la tua roba a posto. Amore... amore..." e così tutto il giorno. La mamma farebbe bene a sostituire questa parola con un'altra, che forse dovrebbe inventare. Conclusione: sarebbe opportuno cambiare questa parola e tante altre che ancora non conosco.

Alla mamma piace mettere un'etichetta su tutte le cose. Io sarei, sempre secondo la sua definizione, una 'bambina', e mi chiedo, ogni tanto, cosa sia una bambina: forse un adulto in formato ridotto? D'altra parte non so neanche cosa sia un adulto... non so ancora come definirli. Meglio sarebbe dire: creature viventi che si reggono su due gambe, senza coda e senza peli, come i cani e i gatti. Ma di questo voglio parlare più tardi.

Inutile stare a chiedersi troppe cose, l'ho già capito: uno meno si fa domande e più vive tranquillo. Anche questo l'ho sentito dire dalla nonna. Da poco ho scoperto che questa donna con i capelli bianchi che sputa sentenze a ogni piè sospinto (bello... a ogni piè sospinto. Non sapevo che si devono spingere i piedi?!) si chiama nonna ed è la mamma di papà, cioè la suocera della mia mamma, una cosiddetta parente d'acquisto... accidenti quante cose so! Tutta roba che ho sentito dire.

Una parente d'acquisto. Ma allora anche i parenti si possono comprare, come per esempio due banane o un succo di frutta? Io non sapevo niente di niente... figurarsi, pensavo che le banane e tutto il resto si trovasse in casa da sempre, e

leben wie wir Kinder; sie haben die natürliche Fähigkeit verloren, all die kleinen großen Dinge zu genießen, die das Leben uns Tag für Tag bietet. Und wer nicht genießen kann, der kann auch nicht lieben, das scheint mir die Entdeckung des Jahrhunderts zu sein! Aber das Wort Liebe gefällt mir nicht, denn hinter diesem kleinen Wort vermögen die Erwachsenen eine derartige Vielfalt von Bedeutungen zu verstecken. „Meine Liebe, komm her, du musst dir die Zähnchen putzen; meine Liebe, mach den Boden nicht schmutzig; lieber Schatz, bring deine Sachen in Ordnung. Liebe, Liebe ..." so geht es den ganzen Tag. Mama würde gut daran tun, dieses Wort durch ein anderes zu ersetzen, das sie vielleicht erfinden sollte. Schlussfolgerung: Es wäre angebracht, dieses Wort und viele andere, die ich noch nicht kenne zu ändern.

Mama mag es, ein Etikett an alles zu hängen. Ich wäre, immer laut ihrer Definition, ein 'Kind', und ich frage mich manchmal, was ein Kind ist: vielleicht ein Erwachsener in reduziertem Format? Andererseits weiß ich nicht einmal, was Erwachsene sind ... ich weiß noch nicht, wie ich sie definieren soll. Besser wäre vielleicht Lebewesen, die auf zwei Beinen stehen, ohne Schwanz und Haare, wie Hunde und Katzen sie haben, aber darüber möchte ich später reden.

Es ist sinnlos, sich zu viele Dinge zu fragen, das habe ich bereits verstanden. Je weniger Fragen man stellt, desto ruhiger lebt man. Auch das habe ich von der Großmutter gehört. Vor kurzem habe ich entdeckt, dass diese weißhaarige Frau, die stehenden Fußes (sehr schön ... stehenden Fußes. Aber ein Fuß steht doch immer?!) Urteile fällt, Oma heißt und die Mutter von Papa ist, das heißt sie ist die Schwiegermutter meiner Mama, eine so genannte erworbene Verwandte ... Schau sich einer an, was ich alles weiß! Alles Dinge, die ich gehört habe.

Eine erworbene Verwandte. Also kann man auch Verwandte erwerben, wie zum Beispiel zwei Bananen oder einen Fruchtsaft? Ich wusste weniger als nichts ... man muss sich das vorstellen, ich dachte, dass Bananen und der ganze

basta. Confesso di non essermi mai chiesta da dove venisse tutta la roba che riempie il frigorifero. Allora tutto si può comprare! Questa sì è una scoperta. Ammetto di non averci speso neanche un pensiero, prima, quando ero piccina. Non si finisce mai di imparare, come dice sempre la nonna.

Vorrei concludere con un sospetto: la mamma esce di casa per fare spese, appena arriva lei, appunto per non sentire le sue sentenze e non perché abbia veramente bisogno di comprare qualcosa.

In quanto a sospetti poi, avrei molto da dire: ci sono persone decisamente sospette. Io lo vedo a colpo sicuro. Ho una specie di sesto senso. Non capisco perché sesto... ce ne sono altri ancora di sensi, e quanti? Confesso di aver imparato a contare fino a tre, proprio il numero dei miei anni, ma la storia del sesto senso mi è rimasta fissa in testa. Tornando al mio sesto senso, per esempio quella donna che struscia il pavimento della casa con uno straccio, sparpagliando lo sporco da una parte all'altra e mi chiama 'patatina' è molto sospetta!

«Patatina, cosa hai combinato? Patatina non sporcare il pavimento, patatina vieni qui, dai un bacio alla tua tata.»

Io mi sento offesa anche perché, dato che qui tutto ha un nome, anche a me ne è stato appioppato uno.

«Caterina, non toccare! Caterina vieni qui dalla tua mamma... Caterina fai la brava.» E chi è questa Caterina? Anche perché a volte dice 'amore'... non ci si capisce più niente. Ci è voluto qualche tempo prima di capire che si trattava di me. E cioè: Caterina significa bambina. È per questo che mi hanno chiamato così. A me sarebbe bastato chiamarmi Bambina, invece di quella brutta parola. Caterina. Che significa? Io non riesco neanche a pronunciarla, questa brutta parola. Io dico soltanto Tina, eliminando tutto il resto, assolutamente

Rest immer im Haus sind und Amen. Ich gestehe, dass ich mich nie gefragt habe, woher all das Zeug kommt, das den Kühlschrank füllt. Also kann man alles kaufen! Das schon ist eine Entdeckung. Ich gebe zu, dass ich vorher, als ich noch klein war, keinen Gedanken daran verschwendet habe. Man lernt nie aus, wie Oma immer sagt.

Abschließend möchte ich noch einen Verdacht äußern: Mama verlässt das Haus, um einkaufen zu gehen sobald Oma kommt, aber nur um ihre Sprüche nicht anhören zu müssen, und nicht etwa, weil sie wirklich etwas einkaufen muss.

Was den Verdacht angeht, hätte ich so Einiges zu sagen: es gibt auf jeden Fall verdächtige Menschen. Ich sehe das auf den ersten Blick. Ich habe eine Art sechsten Sinn. Ich verstehe nicht, warum sechsten ... gibt es denn noch mehr Sinne, und wie viele? Ich gestehe, dass ich bis drei zählen gelernt habe, genau die Anzahl meiner Jahre, aber die Geschichte vom sechsten Sinn krieg ich nicht mehr aus dem Kopf. Was meinen sechsten Sinn anbelangt so ist zum Beispiel die Frau, die den Fußboden mit einem Lappen scheuert, den Schmutz von einer Seite zur anderen schiebt und mich 'Mäuschen' nennt, sehr verdächtig!

»Mäuschen, was hast du angestellt? Mäuschen, nicht den Boden schmutzig machen! Mäuschen, komm her, gib deiner Nanni einen Kuss.«

Ich fühle mich beleidigt, denn da hier alles einen Namen hat, wurde auch mir ein Name verpasst.

»Caterina, nicht anfassen! Caterina, komm zu deiner Mama ... Caterina, sei brav.« Und wer ist diese Caterina? Auch weil sie mich manchmal 'meine Liebe' nennt, kapiert man nichts mehr. Es hat einige Zeit gedauert, bis ich verstanden habe, dass ich gemeint war. Das heißt, Caterina bedeutet Mädchen. Deshalb haben sie mich so genannt. Mir hätte einfach nur Mädchen gereicht, statt diesem hässlichen Wort. Caterina. Was bedeutet das? Ich kann dieses hässliche Wort nicht einmal aussprechen. Ich sage nur Tina und elimi-

superfluo. Ecco. Che mi si chiami Tina e basta. Invece la mamma – anche lei ha un altro nome, cioè Pera. Papà, la nonna e tutte le persone che vengono da noi dicono Piera, guai però se anch'io mi permetto di chiamarla Pera – la 'ie' non mi riesce – quella donna dicevo, cioè la mamma, crede sempre di sapere tutto e detta legge dalla mattina alla sera e anche di notte, e continua a chiamarmi Caterina. Lei sì ha la testa dura, non io. Infatti mi si mette davanti e dice::

«Ripeti, Ca-te-ri-na... su, da brava amore, ripeti...» e così via. Io ogni volta dico: Tina. Tina e basta. Una gran confusione. E lei si arrabbia.

«Tina è un nome banale...» e mi piacerebbe sapere cosa è banale. Mi chiedo allora perché mi abbia dato un nome che con estrema facilità può diventare banale.

Ma lasciamo stare la storia del mio nome, perché mi irrita ancora.

Sto pensando piuttosto, perché solo io devo chiamarla mamma mentre tutti gli altri possono dire soltanto Pera. Arrivati a questo punto tutti dovrebbero chiamarmi Bambina e non Caterina... per un senso di giustizia!

Io so già cos'è la giustizia. Soprattutto l'ingiustizia, cioè il contrario di giustizia e devo subito dire che non è stato difficile capirlo. Abbastanza presto mi sono accorta che ognuno ha un suo particolare senso della giustizia; in parole povere: la giustizia non è uguale per tutti.

Sono molto fiera di questa frase: 'in parole povere', l'ho presa al volo da un tipo che passava per strada e parlava concitatamente con una donna... ma si tratta di un'altra storia. Subito ho pensato: ci saranno anche le parole ricche?

Devo ammetterlo: ancora una volta, una formidabile riflessione. Mi riferisco alla giustizia che non è uguale per tutti,

niere den ganzen absolut überflüssigen Rest. So ist es. Nennt mich einfach Tina. Aber Mama – sie hat auch einen anderen Namen, nämlich Pera, Birne. Papa, Oma und all die Leute, die zu uns kommen, sagen Piera, aber wehe, wenn auch ich sie Pera nenne – das 'ie' kann ich noch nicht aussprechen –, wie gesagt, diese Frau, das heißt die Mama, glaubt immer, alles zu wissen und kommandiert von morgens bis abends und sogar nachts, und nennt mich immer noch Caterina. Sie hat einen sturen Schädel, nicht ich. In der Tat stellt sie sich vor mich hin und sagt:

»Wiederhole, Ca-te-ri-na ... los, sei brav meine Liebe, wiederhole ...« und so weiter. Ich sage jedes Mal: Tina. Tina und Schluss. Große Verwirrung. Und sie ärgert sich.

»Tina ist ein banaler Name ...« und ich würde gerne wissen, was banal ist. Dann frage ich mich, warum sie mir einen Namen gegeben hat, der so furchtbar leicht banal werden kann.

Aber vergessen wir die Sache mit meinem Namen, denn der irritiert mich immer noch.

Ich frage mich stattdessen, warum nur ich sie Mama nennen muss, während alle anderen Pera zu ihr sagen dürfen. An diesem Punkt sollten mich alle Mädchen nennen und nicht Caterina ... der Gerechtigkeit halber!

Ich weiß bereits, was Gerechtigkeit ist. Vor allem Ungerechtigkeit, das heißt das Gegenteil von Gerechtigkeit, und ich muss gleich sagen, dass es nicht schwer war, das zu verstehen. Ziemlich schnell habe ich bemerkt, dass jeder seinen besonderen Sinn für Gerechtigkeit hat; mit einfachen Worten gesagt: das Recht ist nicht für alle gleich.

Ich bin sehr stolz auf diesen Satz: 'in einfachen Worten', ich habe ihn von einem Typen aufgeschnappt, der auf der Straße an uns vorbeiging und aufgeregt mit einer Frau sprach ... aber das ist eine andere Geschichte. Ich dachte sofort: Gibt es auch komplizierte Worte?

Ich muss gestehen: noch eine großartige Überlegung. Ich beziehe mich auf das Recht, das nicht für alle gleich ist, ich

anzi la chiamerei addirittura 'l'idea del secolo', per quello che possa significare questa frase, ma l'ho sentita da qualcuno e l'ho subito incamerata: *l'idea del secolo* mi sembra un'espressione grandiosa, da riempircisi la bocca, anche se non so cosa sia il secolo, ma l'idea so cos'è.

Io infatti ho la testa piena di idee, lo ha detto la nonna... ma forse si chiamano pensieri. Purtroppo non conosco la differenza fra idea e pensiero. Devo informarmi. Ad ogni modo mi piace impadronirmi di frasi che sento di sfuggita. Mi incuriosiscono, anzi mi divertono. Ho l'impressione che il mondo sia pieno, strapieno, addirittura traboccante di parole, anzi di frasi, e io mi devo affrettare a impararle tutte, a non perderne neanche una; un compito che occuperà gli anni avvenire... anche questa una frase della nonna. *Gli anni avvenire*! E adesso mi viene il dubbio su cosa sia questo avvenire.

E prima? Cosa c'era prima? Io a volte ho l'impressione di portarmi dietro un enorme bagaglio di cognizioni, di sapere; un mondo di sapere che non posso spiegare... e intanto sono affascinata dalle parole! 'Bagaglio' (è la valigiona di mamma quando andiamo in vacanza); 'Cognizione' lo dice spesso papà; 'Sapere'... una parola che gira dappertutto: immagino sia la somma di tante, tantissime cose, altrimenti non la direbbero tante persone adulte. Noi bambini non la usiamo mai, forse perché sappiamo assai poco.

„Caterina è una bambina capricciosa." Ecco un'altra etichetta che mi è stata appiccicata fin da piccina. Una frase assolutamente odiosa. Secondo la mamma e altra „gente che preferisco non nominare", (l'ho sentito dalla nonna quando parla male di qualcuno) io sarei capricciosa perché non ho intenzione di fare quello che vuole lei, mi diverto a contraddirla e

würde sie sogar 'die Idee des Jahrhunderts' nennen, was immer dieser Satz auch bedeuten mag; ich habe ihn von jemandem gehört und ich habe ihn mir sofort angeeignet: Idee des Jahrhunderts scheint mir ein großartiger Ausdruck zu sein,mit dem man den Mund wirklich voll kriegt, obwohl ich nicht weiß, was ein Jahrhundert ist, aber ich weiß, was eine Idee ist.

Tatsächlich habe ich den Kopf voller Ideen, sagte die Großmutter ... aber vielleicht sind es Gedanken. Leider kenne ich den Unterschied zwischen Idee und Gedanke nicht. Ich muss mich informieren. Auf jeden Fall mag ich es, Sätze zu übernehmen, die ich zufällig aufschnappe. Sie machen mich neugierig, ja sie machen mir sogar Spaß. Ich habe den Eindruck, dass die Welt voll, überfüllt, ja sogar überfließend mit Worten, ja sogar Sätzen ist, und ich muss mich beeilen, sie alle zu lernen, keinen einzigen zu verpassen; eine Aufgabe, die die zukünftigen Jahre in Anspruch nehmen wird ... auch das ist ein Satz der Großmutter. Die zukünftigen Jahre! Und jetzt frage ich mich, was diese Zukunft sein mag.

Und davor? Was war davor? Manchmal habe ich das Gefühl, eine enorme Menge an Wissen mit mir herumzutragen, eine Welt an Wissen, das ich nicht erklären kann ... und in der Zwischenzeit bin ich fasziniert von Worten! 'Gepäck' (das ist Mamas Riesenkoffer, wenn wir in den Urlaub fahren); 'Erkenntnis' sagt Papa oft; 'Wissen' ... ein Wort, das überall auftaucht; ich glaube, es ist die Summe von vielen, sehr vielen Dingen, sonst würden nicht so viele Erwachsene es benutzen. Wir Kinder benutzen es nie, vielleicht weil wir sehr wenig wissen.

„Caterina ist ein launisches Kind." Noch so ein Etikett, das mir schon als Kind angehängt worden ist. Ein absolut widerlicher Satz. Laut Mama und anderen „Leuten, die ich lieber nicht beim Namen nenne" (das habe ich von der Oma aufgeschnappt, wenn sie schlecht über jemanden spricht), soll ich launisch sein, weil ich nicht die Absicht habe zu tun,

anzi mi permetto di avere una volontà indipendente dalla sua.

Mi devo subito correggere.

Posso contraddirla soltanto per modo di dire, dato che non so ancora parlare così svelta come lei. E questo mi fa venire il nervoso. I miei pensieri sono più veloci della mia lingua. Questo è il fatto. Mentre lei parla più velocemente dei suoi pensieri; sono convinta anzi che parli senza neanche pensare sul serio a quello che dice.

Ci ho riflettuto questa notte, mentre ero sveglia dopo il solito brutto sogno del tunnel nero e della porta da sfondare.

Qui, ufficialmente, la mia conclusione: man mano che si diventa grandi si comincia a perdere la facoltà di pensare. Per spiegarmi meglio, e qui sarebbe utile la frase 'con parole povere', i grandi parlano senza pensare a quello che dicono, mentre io – e di certo tutti i bambini del mondo – penso prima di parlare. Ogni bambino si porta fin dalla nascita un enorme serbatoio di pensieri. E nessuno lo sa! Infatti pensavo anche prima di parlare, con la voce dico: io ricordo cosa mi frullava per la testa – credo che i pensieri nascano in testa e dove sennò? Nella pancia forse? Ho sentito però una donna per strada che diceva appunto che le sue parole provenivano direttamente dalla pancia. Mah! Chissà come faceva a parlare la sua pancia. Forse c'era già una bambina in attesa di percorrere quel famoso tunnel. Ma non voglio perdermi in speculazioni.

Questa sì è una bella parola, 'speculazione', l'ho sentita di nuovo dalla nonna. Lei dice che ci sono dei grandi speculatori che danneggiano il mondo e papà le ha subito dato ragione. Mi piacerebbe tanto conoscerle, queste persone che speculano a danno degli altri. Chissà come fanno. Devo concludere che le speculazioni hanno qualcosa di negativo?

was sie will; es macht mir Spaß, ihr zu widersprechen, das heißt, ich erlaube mir einen von ihr unabhängigen Willen zu haben.

Ich muss mich sofort korrigieren.

Ich kann ihr nur scheinbar widersprechen, weil ich noch nicht so schnell reden kann wie sie. Und das regt mich furchtbar auf. Meine Gedanken sind schneller als meine Zunge. Das ist eine Tatsache. Während sie schneller redet als denkt. Ich bin sogar überzeugt, dass sie redet, ohne ernsthaft darüber nachzudenken, was sie sagt.

Ich habe heute Nacht darüber nachgedacht, als ich wegen des üblichen Albtraums vom schwarzen Tunnel und der zu durchbrechenden Tür aufgewacht bin.

Hier nun, ganz offiziell, meine Schlussfolgerung: Wenn man älter wird, verliert man die Fähigkeit zu denken. Um es deutlicher zu machen, wäre hier der Satz 'mit einfachen Worten' hilfreich, die Erwachsenen reden, ohne darüber nachzudenken, was sie sagen, während ich – und sicherlich alle Kinder der Welt – denke, bevor ich spreche. Jedes Kind hat von Geburt an einen riesigen Vorrat an Gedanken in sich. Und niemand weiß das! In der Tat dachte ich bereits, bevor ich mit der Stimme sprechen konnte. Ich erinnere mich, was mir durch den Kopf ging – ich glaube, die Gedanken entstehen im Kopf, wo denn sonst? Im Bauch vielleicht? Ich habe aber eine Frau auf der Straße sagen hören, dass ihre Worte direkt aus dem Bauch kommen. Hm! Wer weiß, wie sie ihren Bauch zum Sprechen gebracht hat. Vielleicht hatte sie bereits ein Kind auf dem Weg in den berühmten Tunnel. Ich will mich aber nicht in Spekulationen verlieren.

Das ist ein schönes Wort, 'Spekulation'; auch dieses habe ich von Oma gehört. Sie sagt, dass es die großen Spekulanten sind, die der Welt schaden, und Papa hat ihr sofort Recht gegeben. Ich würde sie sehr gerne kennenlernen, diese Leute, die zum Schaden anderer spekulieren. Wer weiß, wie sie das machen. Muss ich daraus schließen, dass Spekulationen etwas Negatives in sich haben?

Questi discorsi li sentivo tempo fa, quando me ne stavo distesa nella carrozzina mentre qualcuno mi portava a spasso. Spesso dormivo beatamente ma a volte guardavo quel poco che si può vedere appunto da una carrozzina, sufficiente però per farmi un'idea del mondo e della gente. Soprattutto ascoltavo le chiacchiere della gente. Proprio allora, quando ancora non avevo nessuna intenzione di mettermi a discutere con nessuno di loro, ho imparato moltissimo, posso dire, tutto il sapere del mondo. Mi sembrava di essere una specie di foglio bianco su cui ognuno poteva scrivere quello che voleva; o meglio ancora, una spugna come quella della mia vaschetta per il bagno. Assorbivo tutto, nel bene e nel male, anche se non so ancora con precisione cosa sia il bene e che differenza ci sia fra il bene e il male. Certo, secondo la mamma, è male tutto quello che voglio fare di testa mia, mentre è bene tutto quello che dice lei. E su questo ci sarebbe molto da discutere.

Meglio lasciar perdere: queste riflessioni mi portano troppo lontano.

La prima grande scoperta, dunque, è stato il cielo, una meraviglia azzurra, così credo si chiami il colore del cielo. Immensa. Senza fine. Lì c'è posto per i movimenti più azzardati: capriole, salti. Si può spaziare senza il timore di scontrarsi con lo spigolo di un mobile, con una sedia, uno scalino, un sasso. Niente, al massimo con una nuvola, ma quelle sono leggere, per lo meno mi sembrano lievi come un soffio, o come la nebbia che vedo in bagno, quando la mamma fa scorrere l'acqua calda nella vasca e io so già che mi ci infilerà dentro, che io lo voglia o no.

Deve essere fantastico andare in giro per il cielo, come fanno gli uccellini. Infatti la mia seconda grande scoperta sono stati proprio gli uccellini. Il parco ne è pieno. E questi strani esserini vestiti di piume, anche di colori diversi, sanno volare appunto nell'immensità dello spazio divertendosi

Diese Gespräche hörte ich vor einiger Zeit, als ich im Kinderwagen lag, während mich jemand spazieren fuhr. Oft schlief ich friedlich, aber manchmal beobachtete ich das Wenige, das man von einem Kinderwagen aus sehen kann, was aber doch genügte, um mir ein Bild von der Welt und den Menschen zu machen. Vor allem hörte ich dem Getratsche der Leute zu. Gerade damals, als ich noch keinerlei Absicht hatte, mit einem von ihnen zu diskutieren, habe ich sehr viel gelernt, praktisch das gesamte Wissen der Welt, kann man sagen. Ich fühlte mich wie eine Art leeres Blatt, auf das jeder das schreiben konnte, was er wollte; oder noch besser, wie ein Schwamm in meiner Badewanne. Ich nahm alles auf, im Guten wie im Bösen, auch wenn ich noch nicht genau weiß, was das Gute ist und wo der Unterschied zwischen Gut und Böse liegt. Laut Mama ist natürlich alles schlecht, was ich auf eigene Faust machen will, während alles gut ist, was sie sagt. Und darüber gäbe es viel zu diskutieren.

Besser ich lass es bleiben: Diese Gedanken lenken mich zu sehr ab.

Die erste große Entdeckung war also der Himmel, ein blaues Wunder, ich glaube, so nennt man die Farbe des Himmels. Immens. Endlos. Dort ist Platz für die gewagtesten Bewegungen: Purzelbäume, Sprünge. Man kann ohne Furcht vor einem Zusammenstoß mit der Kante eines Möbelstücks, mit einem Stuhl, einer Stufe, einem Stein herumtoben. Nichts, bestenfalls eine Wolke, aber diese ist leicht, zumindest scheint sie mir so leicht wie ein Hauch oder wie der Dampf, den ich im Badezimmer sehe, wenn Mama heißes Wasser in die Badewanne einlässt und ich weiß, dass sie mich da eintunken wird, ob ich will oder nicht.

Es muss fantastisch sein, am Himmel herumzuschweben, wie es die Vögel machen. Tatsächlich waren die Vögel meine zweite große Entdeckung. Der Park ist voll davon. Und diese seltsamen kleinen mit Federn in den verschiedensten Farben bekleideten Dinger, können in die Unendlichkeit des

un mondo, ne sono certa. Altrimenti non volerebbero tutto il giorno. Poi si siedono sul ramo di un albero per riposarsi e cantano, cinguettano, fanno dei versi: sono le loro parole. Io ne sono convinta, parlano in una lingua che capiscono solo loro. Una volta, tanto tempo fa, quando ero ancora tanto piccina, ho anche pensato stupidamente che fossero i primi tentativi per imparare a parlare come noi. Una specie di balbettio come appunto facevo io, solo ai, ai, e più avanti ti ta, ti ta, per esercitarmi. Errore. Loro parlano una lingua uccelliera (l'ho inventata lì per lì, visto che non ho trovato una parola adatta) fatta solo di suoni, come la musica che è bellissima: loro non hanno bisogno delle nostre stupide parole per esprimersi.

Mi sembra di aver sentito dire che fanno viaggi lunghissimi, in varie parti del mondo; ho riflettuto a lungo e sono arrivata alla conclusione che anche se si spostano nei paesi più diversi, la loro lingua resta sempre la stessa. Cioè si capiscono sempre, dappertutto. Non hanno bisogno di imparare una lingua straniera, come sta facendo papà, visto che deve andare assai lontano, oltre l'oceano, così credo di aver capito, e per questo deve „rinfrescare il suo inglese scolastico". Per quello che questa frase voglia dire: rinfrescare una lingua. E così ogni sera esce per fare un corso di rinfresco, anche se non sembra molto entusiasta. Ad ogni modo, tornando agli uccellini, loro non hanno bisogno di rinfrescare un bel niente. Si intendono in tutto il mondo, hanno solo bisogno di un albero, di questi giganti con una gamba sola che dominano il parco, sempre fermi nello stesso posto.

È chiaro perché: con una gamba sola non possono certo correre.

Questa idea mi è venuta dopo lunga riflessione: gli alberi sono ben piantati in terra perché non hanno due gambe come noi, e tanto meno quattro come altri esseri viventi. Per

Raumes fliegen und haben dabei eine Menge Spaß, da bin ich mir sicher, sonst würden sie nicht den ganzen Tag herumfliegen. Dann setzen sie sich auf den Ast eines Baumes, um sich auszuruhen und singen, zwitschern, machen Laute: das sind ihre Worte. Ich bin überzeugt, dass sie eine Sprache sprechen, die nur sie verstehen. Einmal, vor langer Zeit, als ich noch sehr klein war, dachte ich dummerweise, das wären die ersten Versuche, so wie wir zu sprechen. Eine Art Lallen, so wie ich es tat nur ai, ai und später ti ta, ti ta um zu üben. Ein Fehler. Sie sprechen eine Vogelsprache (so habe ich sie genannt, da ich kein passenderes Wort gefunden habe), die nur aus Tönen besteht, wie die Musik, die wunderschön ist: sie brauchen unsere dummen Worte nicht, um sich auszudrücken.

Ich glaube gehört zu haben, dass sie sehr lange Reisen zu verschiedenen Orten der Welt unternehmen. Ich habe lange nachgedacht und bin zu dem Schluss gekommen, dass auch, wenn sie in die verschiedensten Länder reisen, ihre Sprache immer dieselbe bleibt. Das heißt, sie verstehen sich immer und überall. Sie müssen keine Fremdsprache lernen, wie es Papa gerade tut, da er weit in die Ferne über den Ozean reisen muss, so glaube ich es verstanden zu haben, und deshalb muss er „sein Schulenglisch auffrischen". Was immer das auch heißen mag: seine Sprache auffrischen. Und so verlässt er jeden Abend das Haus, um einen Auffrischungskurs zu machen, auch wenn er nicht sehr begeistert zu sein scheint. Wie auch immer, um auf die Vögel zurückzukommen, die müssen nichts auffrischen. Sie verstehen sich auf der ganzen Welt, sie brauchen nur einen Baum, einen dieser einbeinigen Riesen, die den Park beherrschen und immer am selben Ort stillstehen.

Es ist klar warum: mit einem Bein können sie nicht laufen.

Auf diese Idee kam ich nach langem Nachdenken: die Bäume sind gut in der Erde verwurzelt, weil sie keine zwei Beine wie wir haben, geschweige denn vier wie andere Le-

non cadere hanno bisogno di grosse radici sprofondate negli abissi della terra e se ne stanno lì, giorno e notte, in attesa che un uccellino si posi su un ramo e racconti loro tutto ciò che ha visto durante i suoi grandi viaggi. Perché volando in giro per il mondo ne vedono tante di cose e ascoltano tutti i pettegolezzi degli altri animali. Forse anche degli umani. Magari capiscono solo gli altri uccellini... chi mi assicura?

Ma la cosa più straordinaria è che parlano cantando!

Questo lo chiamo un miracolo della natura.

Ho sentito questa frase non so più da chi: „un miracolo della natura" e mi è tanto piaciuta che mi sono ripromessa di ripeterla alla prima occasione. Chissà la faccia della mamma quando dirò: «le mie scarpette nuove sono un miracolo della natura».

Io sono sicura che il mondo è pieno di alberi, altrimenti dove andrebbero a posarsi gli uccellini?

Mi piacerebbe poi sapere cos'è un oceano.

Tornando a questa notte e al solito brutto sogno, sempre lo stesso ormai da anni – e devo dire che ne ho abbastanza – mi chiedo che ci stanno a fare i sogni, perché continuano a disturbare le mie notti.

Anche la mamma sogna? e il papà? E perché non si svegliano urlando, come faccio io? Forse perché dormono insieme, nello stesso letto, mentre io devo starmene sola, proprio sola sola col mio amato orsetto. Ci penso e ripenso: piango perché mi sento sola, abbandonata da tutti e il mio piccolo compagno non sa parlare, non riesce a consolarmi.

Ora sono occupata dal pensiero della solitudine notturna; ho scoperto che quando la mamma mi mette giù per un pisolino pomeridiano, mi sveglio senza piangere.

bewesen. Um nicht umzufallen, brauchen sie dicke Wurzeln, die in die Abgründe der Erde reichen, und sie stehen Tag und Nacht da und warten darauf, dass ein kleiner Vogel sich auf einem Ast niederlässt und ihnen alles erzählt, was er auf seinen weiten Reisen gesehen hat. Denn während sie um die Welt fliegen, sehen sie viele Dinge und hören sich den Klatsch der anderen Tiere an. Vielleicht auch der Menschen. Möglicherweise verstehen sie nur die anderen Vögel ... aber wer garantiert mir das?

Das Außergewöhnlichste ist, dass sie singend sprechen!

Das nenne ich ein Wunder der Natur.

Ich habe diesen Satz, wer weiß von wem, gehört: „ein Wunder der Natur“ und er hat mir so gut gefallen, dass ich mir vorgenommen habe, ihn bei der ersten Gelegenheit zu wiederholen. Ich frage mich, was für ein Gesicht Mama machen wird, wenn ich sage: »Meine neuen Schuhe sind ein Wunder der Natur«.

Ich bin mir sicher, dass die Welt voller Bäume ist, wo sonst sollten sich die Vögel sonst niederlassen?

Ich würde gerne wissen, was ein Ozean ist.

Um auf diese Nacht und den üblichen schlimmen Traum zurückzukommen, seit Jahren immer derselbe – und ich muss sagen, dass ich genug davon habe –, frage ich mich, wozu diese Träume sind, weil sie fortfahren meine Nächte zu stören.

Träumt Mama auch? Und Papa? Und warum wachen sie nicht schreiend auf, wie ich? Vielleicht weil sie zusammen im gleichen Bett schlafen, während ich allein sein muss, ganz allein mit meinem geliebten Teddy. Ich denke und denke darüber nach: ich weine, weil ich mich einsam fühle, von allen verlassen und weil mein kleiner Gefährte nicht sprechen, mich nicht trösten kann.

Derzeit bin ich mit dem Gedanken an die nächtliche Einsamkeit beschäftigt. Ich habe festgestellt, dass, wenn mich Mama zum Nachmittagsschlaf hinlegt, ich ohne zu weinen

Qui è necessaria una grande riflessione.

Non piango perché aprendo gli occhi rivedo il mondo intorno a me, mentre di notte vedo solo ombre scure, mostri orrendi, bocche spalancate pieni di denti aguzzi, occhiacci di fuoco.

Ma forse non è neanche questo il motivo del mio pianto notturno.

Posso dire soltanto che sono terrorizzata e i sogni sono responsabili di tutto questo. Lo so, perché di giorno non sogno niente di importante, mentre di notte vengo aggredita da non so che immagini o creature orribili.

Ora mi chiedo: da dove vengono i sogni e chi li manda? Come fanno a entrare nel mio cervello o in qualche altra parte dentro di me, per poi apparirmi durante la notte? Forse sono acquattati nella mia cameretta e aspettano il buio per uscire. Ma come faccio a vederli, se dormo, se cioè ho gli occhi chiusi? Perché li vedo anche tenendo gli occhi ben chiusi. Anzi, soprattutto se li tengo chiusi! È possibile allora vedere anche a occhi chiusi? Oggi ci ho provato varie volte finché la mamma mi ha sgridato... Ora ho deciso che è meglio aprirli, gli occhi, anche al buio. Così spariscono i sogni e non ho più paura.

A pensarci bene, temo proprio che i sogni non spariranno mai, anzi sono convinta che facciano parte di quel famoso bagaglio che mi porto dentro da prima della nascita. Magari sono sogni di qualche altra bambina, forse della mamma quando era bambina e chissà, anche lei se li portava dietro dalla sua mamma, l'altra mia nonna che non ho mai visto perché, mi hanno spiegato, è in cielo e mi chiedo ancora come abbia fatto ad andare così in alto, chissà che scala doveva avere. Così ho una nonna in carne ed ossa e una che

aufwache.

Darüber muss tiefschürfend nachgedacht werden.

Ich weine nicht, denn wenn ich meine Augen öffne, sehe ich die Welt um mich herum, während ich nachts nur dunkle Schatten sehe, schreckliche Monster, aufgerissene Mäuler voller scharfer Zähne, feurige Augen.

Aber vielleicht ist auch das nicht der Grund für mein nächtliches Weinen.

Ich kann nur sagen, dass ich Angst habe und die Träume dafür verantwortlich sind. Ich weiß es, weil ich tagsüber nichts Wichtiges träume, während ich nachts von wer weiß welchen Erscheinungen oder schrecklichen Kreaturen angegriffen werde.

Jetzt frage ich mich: woher die Träume kommen und wer schickt sie? Wie gelangen sie in mein Gehirn oder in irgendeinen anderen Teil von mir, um dann nachts aufzutauchen? Vielleicht liegen sie in meinem Zimmer auf der Lauer und warten auf die Dunkelheit, um herauszukriechen. Aber wie kann ich sie sehen, wenn ich schlafe, das heißt, wenn meine Augen geschlossen sind? Weil ich sehe sie auch, wenn ich die Augen geschlossen halte. Ja, vor allem wenn ich sie geschlossen halte! Also ist es möglich, auch mit geschlossenen Augen zu sehen? Heute habe ich es mehrmals versucht, bis Mama mich anschrie ... Da habe ich beschlossen, dass es besser ist, sie offen zu halten, die Augen, auch im Dunkeln. So verschwinden die Träume und ich habe keine Angst mehr.

Wenn ich es genau überlege, fürchte ich, dass die Träume nie verschwinden werden, ich bin sogar überzeugt, dass sie Teil der berühmten Ausrüstung sind, die ich schon vor meiner Geburt in mir trug. Vielleicht sind es Träume eines anderen Mädchens, vielleicht der Mama, als sie ein Kind war, und wer weiß, vielleicht hat auch sie sie von ihrer Mutter übernommen, von meiner anderen Großmutter, die ich nie gesehen habe, weil sie, wie sie mir erklärt haben, im Himmel ist und ich frage mich immer noch, wie sie so hoch hin-

abita molto in alto, su una scala, forse su una nuvola e non si fa mai vedere: una volta ho pensato, durante una grande pioggia, ma proprio grande... magari di colpo cade giù anche la nonna e così finalmente potrò vederla. Un'idea fantastica. Ho subito chiesto alla mamma se aveva visto la sua mamma mentre saliva le scale e poi cadeva giù dalle nuvole, lei mi ha soltanto guardata sbalordita:

«Amore mio, certo che ho visto la mia mamma prima che volasse in cielo. Non so di che scala stai parlando.» Sarà poi diventata un uccello, un grande uccello, ho pensato. Ma non ho osato dirlo ad alta voce.

Tornando ai sogni, non ne ho mai parlato con nessuno, anche perché non so ancora formulare con parole certi pensieri o riflessioni e farne delle frasi di senso compiuto. Ma ci penso quasi ogni notte, o meglio tutte le volte che mi sveglio in preda al terrore.

Mi riprometto però di parlarne quando sarò grande... già. Quando sarò grande? Ecco un problema che mi assilla: diventerò come la mamma? O peggio ancora, come la nonna? Certo non come papà. Questo ormai lo so e non ho bisogno di nessuna spiegazione. L'ho visto nudo e so che ha davanti, al posto del mio buchino, un qualcosa, un pezzetto di carne che pende in modo assai buffo.

A proposito. Ecco un'altra parola che ancora non ho capito: adulti. Praticamente sono tutti quegli esseri a due gambe che si differenziano per statura, e vorrei aggiungere arroganza, dai bambini, la categoria cui appartengo io. Ogni cosa qui è suddivisa in categorie... ma meglio lasciar perdere, questi pensieri mi porterebbero assai lontano e per il mo-

aufgekommen ist, wer weiß, was für eine Leiter sie gehabt haben muss. Also habe ich eine Oma aus Fleisch und Blut und eine, die sehr hoch oben auf einer Leiter wohnt, vielleicht auf einer Wolke und sich nie sehen lässt: einmal dachte ich während eines starken, eines wirklich heftigen Regens, vielleicht fällt auch die Großmutter plötzlich herunter, so kann ich sie endlich sehen. Eine fantastische Idee. Ich habe sofort meine Mama gefragt, ob sie ihre Mutter gesehen hatte, wie sie die Leiter hinaufgestiegen und dann aus den Wolken gefallen ist; sie hat mich nur verdutzt angesehen:

»Meine Liebe, natürlich habe ich meine Mutter gesehen, bevor sie in den Himmel flog. Ich weiß nicht von welcher Leiter du sprichst.« Sie wird dann ein Vogel geworden sein, ein großer Vogel, dachte ich. Aber ich getraute mich nicht, das laut auszusprechen.

Um auf meine Träume zurückzukommen: ich habe mit niemandem darüber gesprochen, auch weil ich noch nicht in der Lage bin, bestimmte Gedanken oder Überlegungen in Worte zu fassen und daraus sinnvolle Sätze zu formen. Aber ich denke fast jede Nacht daran, oder besser gesagt, jedes Mal, wenn ich angsterfüllt aufwache.

Aber ich nehme mir vor darüber zu sprechen, wenn ich groß bin ... ja. Ja, wann werde ich groß sein? Also das ist ein Problem, das mich quält: werde ich wie Mama werden? Oder noch schlimmer, wie Oma? Natürlich nicht wie Papa. Das weiß ich mittlerweile und ich brauche keine Erklärung. Ich habe ihn nackt gesehen, und ich weiß, dass er an der Stelle meines Löchleins ein Stückchen Fleisch hat, das auf sehr komische Weise herunterhängt.

Apropos. Da ist ein weiteres Wort, das ich noch nicht verstanden habe: Erwachsene. Im Grunde sind das all diese zweibeinigen Wesen, die sich von den Kindern, zu denen ich gehöre, durch ihre Statur unterscheiden und ich möchte hinzufügen, durch ihre Arroganz. Alles hier ist in Kategorien eingeteilt ... aber es ist besser das bleiben zu lassen, diese Gedanken würden mich sehr weit wegführen und im Augen-

mento ho altri problemi, molto più importanti, da risolvere.

Cominciamo con una domanda che mi procura più di un mal di testa, e devo dire, seriamente: se ho capito bene, anch'io sono destinata a diventare un'adulta. Credo si tratti di qualcosa cui nessuno possa sottrarsi, un po' come il famoso 'trauma della nascita', una specie di destino: ecco una parola che sento uscire solo dalla bocca della nonna. Lei parla sempre di destino, gli altri non ne tengono alcun conto. Forse si tratta di qualcosa di assai vecchio, antiquato. Non più attuale. Proprio come lei.

Semplicemente passato di moda.

Ecco, la moda. Questo riguarda solo la mamma:
«La nuova moda di quest'anno...» oppure «non è più di moda.»

Non ho ancora capito di cosa parla.

Ma devo ammettere che spesso non capisco di cosa parla con tanta intensità al telefono, per ore, mentre io strillo perché ho fame, ho sete, mi annoio, voglio sentire la voce al telefono, sono stanca o voglio soltanto qualcosa messa troppo in alto.

Lo so. Lo fa apposta. Infatti è una specie di gara a chi arriva prima a spostare gli oggetti che potrebbero interessarmi: basta soltanto che guardi qualcosa perché lei subito:

«Non toccare, giù le manine... attenta che si rompe... ti puoi fare male.»

Insopportabile, una vita da galera. Se potesse mi terrebbe legata al termosifone tutto il giorno. Ho un vago ricordo: una volta ha pure tentato di farlo, ma ero molto piccola, stavo muovendo i primi passi e lei aveva dichiarato più volte che la casa stava diventando insicura... non so se era la casa insicura o io. Il mio urlo però deve averle raggelato il sangue, perché l'ha riportata alla ragione.

blick habe ich andere, viel wichtigere Probleme zu lösen.

Beginnen wir bei einer Frage, die mir mehr als nur Kopfschmerzen bereitet, und ich muss sagen, ernsthafte Kopfschmerzen: wenn ich recht verstanden habe, ist es auch mir bestimmt, erwachsen zu werden. Ich glaube, da handelt es sich um etwas, dem sich niemand entziehen kann, so wie das berühmte 'Geburtstrauma', eine Art Schicksal: das ist ein Wort, das ich nur aus dem Mund meiner Oma vernehme. Sie redet immer vom Schicksal, die anderen berücksichtigen es überhaupt nicht. Vielleicht handelt es sich um etwas sehr Altes, Antiquiertes. Nicht mehr zeitgemäß. So wie sie.

Einfach aus der Mode gekommen.

Die Mode. Das betrifft nur Mama:

»Die neue Mode dieses Jahres ...« oder »nicht mehr in Mode.«

Ich habe noch nicht verstanden, wovon sie redet.

Aber ich muss zugeben, dass ich oft nicht verstehe, worüber sie so eindringlich am Telefon spricht, stundenlang, während ich schreie, weil ich Hunger habe, durstig bin, mich langweile, die Stimme am Telefon hören möchte, müde bin oder etwas haben möchte, das für mich zu hoch oben ist.

Ich weiß, sie macht es absichtlich. Es ist in der Tat eine Art Wettstreit, wer es zuerst schafft, die Dinge zu verräumen, die mich interessieren könnten. Ich brauche nur etwas anzusehen, dann heißt es sofort:

»Nicht anfassen, Hände weg ... Pass auf, es zerbricht ... du könntest dir weh tun.«

Unerträglich, ein Leben im Gefängnis. Wenn sie könnte, würde sie mich den ganzen Tag am Heizkörper festbinden. Ich habe eine vage Erinnerung: einmal hat sie es versucht, da war ich noch sehr klein, ich machte gerade die ersten Schritte und sie hatte mehrmals behauptet, dass das Haus unsicher geworden wäre ... ich weiß nicht, ob das Haus unsicher war oder ich. Aber mein Geschrei muss ihr das Blut in den Adern gefrieren haben lassen, denn das hat sie wieder zur Vernunft gebracht.

È proprio vero. I bambini devono educare le proprie mamme, affinché non facciano troppe sciocchezze.

Ormai mi sono fatta un'idea molto chiara della situazione: per non so quale motivo, gli adulti non vogliono che i bambini capiscano certe cose, e così si mettono a parlare usando termini assai difficili, non di tutti i giorni. O meglio, per sottintesi, e questo lo odio in modo particolare, perché dietro ogni sottinteso si nasconde per principio qualcosa di vergognoso, di indicibile, di cattivo... se posso permettermi un consiglio a tutti gli adulti del mondo: sarebbe meglio non dirle, quelle cose, addirittura non pensarle nemmeno.

Sto perdendo il filo. Voglio tornare al problema di come evitare di diventare adulti: temo non ci sia una via d'uscita. Non so come spiegare la mia posizione; non mi piace essere una bambina cui si può proibire tutto, proprio tutto; ma non voglio essere adulta, perché gli adulti non mi piacciono neanche un po'. Un bel dilemma! (bella parola, me ne sono innamorata: 'dilemma, dilemma' potrei ripeterla mille volte al giorno, con qualche difficoltà, lo ammetto).

E qui devo fare qualche confessione. Il giorno in cui decisi che era arrivato anche per me il momento di intromettermi, di dire la mia, scoppiò la bomba: formulare le parole che mi frullavano in testa era un affare assai complicato, più complicato di quanto pensassi. Intanto la lingua, benché mi fossi esercitata già da moltissimo tempo con suoni tipo: a... a... ai... ai... e poi ma-ma, o anche pa-pa, con grande soddisfazione di papà (la mamma ne fu gelosa, me ne accorsi subito) il seguito fu molto più difficile. Ma di questo ho già parlato a proposito degli uccellini.

E va bene, mi ripeto. Niente di male se penso alle continue

Es stimmt tatsächlich, Kinder müssen ihre Mütter erziehen, damit sie nicht zu viele Dummheiten machen.

Mittlerweile habe ich eine sehr klare Vorstellung von der Situation: ich weiß nicht aus welchen Gründen die Erwachsenen nicht wollen, dass Kinder bestimmte Dinge verstehen, und deshalb anfangen sehr schwierige, nicht alltägliche Begriffe zu verwenden, beziehungsweise nur Andeutungen zu machen, und das hasse ich ganz besonders, denn hinter jeder Andeutung verbirgt sich grundsätzlich etwas Schändliches, Unaussprechliches, Böses ... Wenn ich mir einen Rat an alle Erwachsenen der Welt erlauben darf: es wäre besser, diese Sachen nicht zu sagen, beziehungsweise sie nicht einmal zu denken.

Ich bin dabei den Faden zu verlieren. Ich möchte auf das Problem zurückkommen, wie man es vermeiden könnte, erwachsen zu werden: ich fürchte, da gibt es keinen Ausweg. Ich weiß nicht, wie ich meine Position erklären soll; ich mag es nicht, ein Kind zu sein, dem man alles, wirklich alles verbieten kann, aber ich will nicht erwachsen sein, weil mir die Erwachsenen überhaupt nicht gefallen. Ein schönes Dilemma! (ein schönes Wort, in das ich mich verliebt habe: 'Dilemma, Dilemma', ich könnte es tausendmal am Tag wiederholen, mit einigen Schwierigkeiten, das gebe ich zu).

Und hier muss ich ein paar Geständnisse machen. An dem Tag, an dem ich beschlossen habe, dass auch für mich die Zeit gekommen war, mich einzumischen, meine Meinung zu sagen, ist die Bombe geplatzt: die Worte, die in meinem Kopf herumschwirrten, zu äußern, war eine sehr komplizierte Angelegenheit, komplizierter als ich gedacht hatte. Obwohl ich mich im Sprechen mit Lauten wie a... a... ai... ai... und dann ma-ma oder auch pa-pa zur großen Zufriedenheit Papas geübt hatte (Mama war eifersüchtig, ich habe das gleich bemerkt), war das darauf Folgende sehr viel schwieriger. Aber darüber habe ich schon im Zusammenhang mit den Vögeln gesprochen.

Nun gut, ich wiederhole mich. Das ist nicht weiter

ripetizioni che sono costretta a sentire ogni giorno. Ma torno a bomba. Anche questa una parola che mi piace tanto: 'bomba'. „Torno a bomba", l'ho sentito qualche giorno fa, per strada e già mi aspettavo che succedesse qualcosa. Invece la mamma ha continuato a camminare, così non ho potuto sentire il seguito. Chissà cosa è accaduto, dopo.

Le parole, dicevo, mi venivano in mente ma la lingua si rifiutava di pronunciarle. Che rabbia. Ora posso dirlo: fu il periodo più irritante della mia vita. Ero impaziente e davo terribilmente ai nervi a tutti, soprattutto alla mamma. Lei mi si metteva davanti e cercava di spiegarmi come dovevo parlare... avrei voluto gridarle: „Lo so molto bene, non ho bisogno di spiegazioni tecniche: è la lingua che non vuole obbedire."

Fu necessario un lungo e paziente esercizio. Ogni giorno, ogni minuto. Anche di notte, se mi svegliavo, cominciavo ad esercitarmi. Quando finalmente riuscii a dire „Tina" ed ero molto fiera, perché mi era costata una fatica da cani, la mamma fu subito pronta a correggermi... ma questo l'ho già detto.

A proposito dei cani, anch'io ho una bestiola che porto sempre con me. Un orsetto. Lui dorme con me, sta seduto in carrozzina insieme a me, e per concludere, non potrei immaginare la mia giornata senza di lui. Per non dire la notte. Lui è sempre, sempre, sempre con me. Credo che mi abbia insegnato il sentimento più consolante, più dolce che ci sia: l'amore. Io so che il mio orsetto mi ama e anch'io lo amo teneramente. Credo sia venuto al mondo insieme a me, perché è il primissimo ricordo che ho, al di fuori del seno che mi ha nutrito. Quello è senza dubbio il primo ricordo che ho, fin dalla nascita. Questo però non vuol dire che lo abbia amato come ho subito amato il mio orsetto. Quel seno ha significato la prima grande fatica, necessaria per togliermi quel sen-

schlimm, wenn ich an die ständigen Wiederholungen denke, die ich mir jeden Tag anhören muss, aber ich komme nochmals auf die Bombe zurück. Auch das ist ein Wort, das ich sehr mag: 'Bombe'. „Die Bombe platzt", ich hörte es vor ein paar Tagen auf der Straße und erwartete, dass etwas passieren würde. Aber Mama ging einfach weiter, so konnte ich den Rest nicht hören. Wer weiß, was danach geschah.

Wie ich schon sagte, die Worte kamen mir zwar in den Sinn, aber die Zunge weigerte sich, sie auszusprechen. Was für ein Mist! Jetzt kann ich es ja sagen: es war die nervigste Zeit in meinem Leben. Ich war ungeduldig und ging allen, vor allem Mama, furchtbar auf die Nerven. Sie stellte sich vor mich hin und versuchte mir zu erklären, wie ich sprechen sollte ... ich hätte am liebsten geschrien: „Ich weiß das sehr gut, ich brauche keine technischen Erklärungen. Es liegt an der Zunge, die nicht gehorchen will!"

Es brauchte ein langes und geduldiges Training. Tag für Tag, Minute für Minute. Auch nachts, wenn ich aufwachte, begann ich zu üben. Als ich endlich „Tina" sagen konnte und sehr stolz war, weil es mich eine Hundsarbeit gekostet hatte, war Mama sofort zur Stelle, um mich zu korrigieren ... Aber das habe ich schon erzählt.

Apropos Hunde, auch ich habe ein Haustier, das immer bei mir ist. Einen Teddybären. Er schläft mit mir, er sitzt bei mir im Kinderwagen, schlussendlich könnte ich mir keinen Tag ohne ihn vorstellen, geschweige denn eine Nacht. Er ist immer, immer, immer bei mir. Ich glaube, er hat mir das tröstlichste, süßeste Gefühl beigebracht, das es gibt: die Liebe. Ich weiß, dass mein Bär mich liebt und ich liebe ihn auch ganz zärtlich. Ich glaube, er ist mit mir zur Welt gekommen, weil er meine allererste Erinnerung ist, die Brust ausgenommen, die mich genährt hat. Das ist zweifellos die allererste Erinnerung, die ich seit meiner Geburt habe. Das bedeutet aber nicht, dass ich sie so gern habe wie meinen Teddy, den ich sofort geliebt habe. Diese Brust stellte die erste große Anstrengung dar, notwendig um das Gefühl der Tur-

so di contorcimento che provavo allo stomaco e che mi faceva urlare di dolore. Per liberarmi da quella brutta sensazione ero costretta a succhiare con tutta la mia forza a quel coso che mi veniva offerto. Il latte, così lo chiamava la nonna, il sangue di tua madre aggiungeva riempiendosi la bocca di questa parola, questo cosiddetto latte non era poi così buono, ma riusciva a togliermi quei terribili dolori di pancia. E sono arrivata al punto da urlare se non mi davano quel famoso latte materno, e che liberazione quando finalmente si sono decisi a darmi una bottiglietta, che chiamavano biberon, molto più facile da succhiare. Incredibile. Ero costretta a urlare perché capissero che avevo terribili dolori di pancia. Ma lasciamo perdere, quegli anni non sono stati una passeggiata per nessuno... l'ho sentito al solito dalla nonna che se ne viene sempre con frasi assai caratteristiche, che sento solo da lei. Credo sia una vera specialista in frasi confezionate da chissà chi, come si fa nelle fabbriche.

Il mio orsetto invece non mi ha mai costretto a fare nessuna cosa e mi è stato accanto, silenzioso e discreto, in tutti questi anni, consolandomi con la sua sola presenza, soprattutto di notte. Ho cercato di capire perché lo amo tanto: è per il suo odore. Lui ha un odore assolutamente particolare, sì, tanto simile al mio stesso odore, devo ammetterlo. Con lui non mi sono mai sentita sola, perché è come un altro me stessa, un doppione di me, per essere più chiara. Non so come spiegare questo sentimento: anche nei momenti di grande disperazione lui riesce a consolarmi. E io conosco la vera disperazione; il dolore immenso, senza confini; il tremendo senso di abbandono; la solitudine completa in un mondo nemico: so di cosa parlo. Non si tratta di capricci, come dice quella persona che chiamo mamma. Secondo lei io vivo di capricci, dalla mattina alla sera e non si accorge di sbagliare su tutto il campo.

bulenzen loszuwerden, die ich im Magen verspürte und die mich vor Schmerz schreien machten. Um dieses unangenehme Gefühl loszuwerden, musste ich an dem Ding, das mir angeboten wurde, mit aller Kraft saugen. Die Milch, so nannte es die Großmutter, das Blut deiner Mutter, fügte sie großmäulig hinzu, diese sogenannte Milch schmeckte nicht gut, aber sie nahm mir diese schrecklichen Bauchschmerzen. Und ich kam an den Punkt, an dem ich zu schreien begann, wenn sie mir nicht diese berühmte Muttermilch gaben, und was für eine Befreiung, als sie sich endlich entschlossen, mir ein Fläschchen zu geben, die sie Nuckelflasche nannten, an der zu saugen viel einfacher war. Unglaublich. Ich war gezwungen zu schreien, damit sie begriffen, dass ich schreckliche Bauchschmerzen hatte. Aber lassen wir das, jene Jahre waren für niemanden ein Spaziergang ... ich habe es, wie gewöhnlich, von meiner Oma gehört, die immer mit sehr charakteristischen Sätzen daherkommt, die ich nur von ihr höre. Ich glaube, sie ist eine Spezialistin für Sätze, die von Leuten zusammengestellt werden, wie man das in Fabriken macht.

Mein Teddybär hingegen hat mich nie gezwungen etwas zu tun und er war all die Jahre bei mir, schweigsam und zurückhaltend und tröstete mich mit seiner bloßen Anwesenheit, besonders nachts. Ich habe versucht zu verstehen, warum ich ihn so sehr liebe: es ist wegen seines Geruchs. Er hat einen absolut besonderen Geruch, jawohl, meinem ähnlich, muss ich zugeben. Mit ihm fühlte ich mich nie allein, denn er ist wie ein anderes Ich von mir, ein Duplikat von mir, um es klarer auszudrücken. Ich weiß nicht, wie ich dieses Gefühl erklären soll: auch in Augenblicken großer Verzweiflung vermag er mich zu trösten. Und ich kenne die wahre Verzweiflung, den unermesslichen, grenzenlosen Schmerz, das schreckliche Gefühl des Verlassenseins, die völlige Einsamkeit in einer feindlichen Welt; ich weiß, wovon ich rede. Es handelt sich nicht um Launen, wie jene Person, die ich Mama nenne, sagt. Laut ihr, lebe ich von morgens bis abends

Per esempio mi vuole costringere ad andare la mattina in un posto dove ci sono tanti altri bambini, tutti sconosciuti, petulanti, curiosi. Lei lo chiama asilo infantile. In parole povere, un luogo insopportabile. E c'è sempre qualcuno che strilla, che mi strappa un gioco dalle mani, che mi fa i dispetti, mi tira i capelli e peggio ancora vuole il mio orsetto... niente, lei dice che devo imparare a stare con gli altri bambini e basta. Senza contare la cosiddetta Tata che se ne infischia di tutto e chiacchiera tutto il giorno con la sua collega, intanto che i bambini ne combinano di tutti i colori. Devo subito aggiungere che la mamma ha tentato di liberarsi di me quando avevo appena un anno; per fortuna la nonna si è opposta, ha detto che ai suoi tempi i bambini si tenevano in casa fino a tre anni e che le donne moderne trovano tutte le scuse per andare in giro a spendere soldi! Ne è venuto fuori un bel litigio, ma la nonna quella volta stava dalla mia parte e l'ha spuntata. Ammetto che sono stata costretta a restare con la nonna più del necessario, ma sempre meglio che andare in quel posto. Ora da qualche mese la mamma è tornata alla carica, io punto i piedi e cerco di resistere come posso, mentre lei mi tira e la nonna non può fare più niente perché da poco è stato festeggiato il mio terzo compleanno. Accidenti.

È inutile, io ho capito tutto, la mamma vuole soltanto liberarsi di me, almeno di mattina, per poter chiacchierare con le sue amiche senza essere disturbata, mentre lei dice che deve andare a lavorare. Chissà poi cosa vuol dire lavorare. E tutto con la scusa che devo 'socializzare', un'altra di quelle parole che capiscono solo gli adulti. A me non interessa niente di 'socializzare', purché mi lascino in pace.

von Launen und sie merkt nicht, dass sie völlig falsch liegt.

Sie will mich zum Beispiel zwingen, am Morgen an einen Ort zu gehen, an dem es viele andere Kinder gibt, alle unbekannt, aufdringlich, neugierig. Sie nennt ihn Kindergarten. Einfach ausgedrückt, ein unerträglicher Ort. Und da ist immer jemand, der kreischt, der mir ein Spielzeug aus den Händen reißt, der mich ärgert, an den Haaren zieht oder noch schlimmer, meinen Teddybär haben will ... aber nichts zu machen, sie sagt, ich muss lernen, mit den anderen Kindern zusammen zu sein und damit hat es sich. Ganz zu schweigen von der sogenannten Tante, die sich um nichts schert und den ganzen Tag mit ihrer Kollegin schwätzt, während die Kinder die unmöglichsten Sachen anstellen. Ich muss gleich hinzufügen, dass Mama versucht hat mich loszuwerden, als ich gerade einmal ein Jahr alt war. Zum Glück hat sich die Oma dagegen gewehrt, indem sie sagte, dass zu ihrer Zeit die Kinder bis zum dritten Lebensjahr zu Hause blieben und dass moderne Frauen allerlei Ausreden erfinden, um herumzulaufen und Geld auszugeben! Es gab einen heftigen Streit, aber Oma stand dieses Mal auf meiner Seite und setzte sich durch. Ich gebe zu, dass ich gezwungen war, länger als nötig bei Oma zu bleiben, aber immer noch besser als an diesen Ort zurückzukehren. Seit ein paar Monaten aber hat Mama einen neuen Versuch gestartet; ich bleibe stur und versuche mich zu widersetzen, solange ich kann, während sie an mir zerrt und Oma nichts mehr tun kann, weil vor kurzem mein dritter Geburtstag gefeiert worden war. Verflixt.

Es nützt nichts, ich habe alles verstanden, Mama will mich nur loswerden, zumindest am Vormittag, um mit ihren Freundinnen ungestört plaudern zu können, während sie sagt, dass sie arbeiten muss. Wer weiß, was das heißt, arbeiten. Und das alles mit der Ausrede, dass ich mich 'integrieren' muss, ein weiteres dieser Worte, die nur Erwachsene verstehen. Mich kümmert das 'Integrieren' nicht, solange sie mich in Ruhe lassen.

Lui, il mio orsetto, mi asciuga le lacrime e mi incoraggia. Se potesse parlare, mi direbbe: su Tina, anche questo giorno passerà. È anche accaduto che un bambino, un selvaggio, ha cercato di strapparmelo dalle braccia, il mio orsetto. Confesso che ho strillato come la sirena della polizia. Avevo ragione, no?

Il mio orsetto ancora non ha imparato a parlare e devo dire che ho fatto vari tentativi, con grandissima pazienza, di insegnargli almeno una parola. Perché nei suoi momenti di solitudine mi possa chiamare, come faccio io con la mamma... infatti sono sicura che anche lui conosce la solitudine, il senso di abbandono totale.

Me lo sono messo davanti e gli ho detto: «su, ripeti da bravo orsetto: Ti-na.» Ma lui niente. Mi guarda con i suoi occhi dolci e non risponde. C'è da farsi venire la disperazione. Mi è capitato varie volte di sognarlo e nel sogno parlava! Mi diceva „Ti-na". Ogni volta ne sono stata così felice che mi sono svegliata. Ecco. Io mi sveglio anche quando sono felice, non soltanto quando vengono i mostri con gli occhiacci di fuoco. Ma allora non piango. Mi stringo il mio orsetto fra le braccia e subito dopo mi riaddormento. In fondo so che sa parlare, è soltanto la sua lingua che ancora non funziona.

Quando la notte piangevo, e questo lo faccio da quando sono nata, arrivava sempre una mano che mi metteva una specie di tappo in bocca, per farmi tacere. Lo chiamano, perché qui tutto ha un nome, succhiotto. Un brutto coso con un gusto da vomitare. Alla prima occasione, cioè appena mi è stato possibile, quando sono stata in grado di muovere i primi passi senza l'aiuto di nessuno, l'ho buttato nella tazza del gabinetto e ho tirato giù l'acqua: avevo già visto come fanno i grandi. Bisogna premere un qualcosa e l'acqua viene giù, come per miracolo. Così mi sono sbarazzata di quell'oggetto e nessuno più ha potuto tapparmi la bocca.

Er, mein Teddybär, trocknet meine Tränen und ermutigt mich. Könnte er sprechen, er würde zu mir sagen: Kopf hoch, Tina, auch dieser Tag wird vergehen. Es ist auch vorgekommen, dass ein Kind, ein Wilder, versucht hat, ihn mir aus den Armen zu reißen, meinen Teddybären. Ich gestehe, ich habe wie eine Polizeisirene geheult. Ich hatte doch recht, oder?

Mein Teddy hat noch nicht sprechen gelernt und ich muss sagen, dass ich mit großer Geduld verschiedene Versuche unternommen habe, ihm zumindest ein Wort beizubringen, damit er mich in seinen Momenten der Einsamkeit rufen kann, wie ich es mit Mama mache ... denn ich bin sicher, auch er kennt die Einsamkeit, das Gefühl der völligen Verlassenheit.

Ich habe ihn vor mich hingesetzt und gesagt: »Komm schon, wiederhole als braver Bär: Ti-na.« Aber nichts. Er sieht mich mit seinen sanften Augen an und antwortet nicht. Es ist zum Verzweifeln. Ich habe schon oft von ihm geträumt und er hat im Traum gesprochen! Er sagte zu mir „Ti-na". Jedes Mal war ich so glücklich, dass ich aufwachte. Ich wache auch auf, wenn ich glücklich bin, nicht nur, wenn Monster mit Feueraugen kommen. Aber dann weine ich nicht. Ich halte meinen Teddy in den Armen und schlafe gleich wieder ein. Schließlich weiß ich, dass er sprechen kann, es ist nur seine Zunge, die noch nicht funktioniert.

Wenn ich nachts weinte, und das tue ich seit meiner Geburt, erschien immer eine Hand, die mir eine Art Pfropfen in den Mund steckte, um mich zum Schweigen zu bringen. Da hier alles einen Namen hat, nennen sie ihn Schnuller. Ein hässliches Ding mit einem Geschmack zum Kotzen. Bei der ersten Gelegenheit, das heißt, sobald ich in der Lage war, die ersten Schritte ohne die Hilfe von irgendjemandem zu machen, warf ich ihn ins Klo und spülte ihn hinunter: ich hatte ja bereits gesehen, wie es die Erwachsenen machen. Man muss etwas drücken und das Wasser rinnt wie durch ein Wunder hinunter. Also habe ich das Ding entsorgt und nie-

Mi chiedo perché tutto debba costare tanta fatica. Prima di tutto nutrirsi succhiando a più non posso a quel famoso seno, facendo una fatica del diavolo (chi è questo diavolo? lo sento nominare sempre da papà: è stata una fatica del diavolo, dice sempre appena ha fatto qualche piccolo lavoretto da niente); poi le prime pappe, cioè ho dovuto imparare a deglutire della roba indefinibile per gusto e consistenza, quando io avrei preferito mangiare quello che mangiavano i cosiddetti adulti, spaghetti al sugo, carne ai ferri, per non parlare delle albicocche, delle pesche e di tante altre cose che loro si godono ogni giorno. Devo subito confessare di aver fatto la guerra finché hanno finalmente capito cosa volevo. La nonna subito:

«Si è mai vista una bambina di un anno che mangia spaghetti? In che tempi viviamo... gliele fate passare tutte, state rovinando questa povera creatura, vedrete che mal di pancia...», che non ho mai avuto, con grande soddisfazione della mamma.

Ma non ho ancora finito.

Io volevo alzarmi, assolutamente, mentre la mamma mi rimetteva giù, legandomi anzi alla carrozzina per non farmi cadere, questa la scusa, mentre io avrei voluto camminare e magari spingere la carrozzina. Niente. Non me lo permetteva e poi, devo confessare che le mie gambe non mi reggevano come avrei desiderato io. Un disastro. Mi chiedo perché si nasce così piccoli, imbranati, deboli e... meglio lasciar perdere, vedo che la mia testa è piena di domande cui è impossibile trovare una risposta.

Ho fatto esercizi di ginnastica (una frase che ridendo ripeteva sempre la nonna) portandomi i piedi in bocca, anche per sentirne il sapore, lo ammetto, cosa che adesso, per esempio non potrei più fare. Segno che mi sto arrugginendo. Se ho

mand konnte mir mehr den Mund stopfen.

Ich frage mich, warum alles so viel Mühe kosten muss. Zuerst einmal essen, indem ich an dieser berühmten Brust bis zum Geht-nicht-mehr sauge und mich höllisch anstrenge. (Was ist diese Hölle? Ich höre wie Papa sie immer erwähnt: es war eine höllische Anstrengung, sagt er immer, sobald er ein paar Kleinigkeiten erledigt hat.) Dann der erste Brei, das heißt, ich musste lernen Dinge zu schlucken, die dem Geschmack und der Konsistenz nach undefinierbar waren, während ich lieber essen würde, was die sogenannten Erwachsenen essen: Spaghetti mit Soße, Fleisch vom Grill, ganz zu schweigen von den Aprikosen, Pfirsichen und anderen Dingen, die sie jeden Tag genießen. Ich muss gleich gestehen, dass ich einen Krieg anfing, bis sie endlich verstanden, was ich wollte. Oma reagierte sofort:

»Hat man je ein einjähriges Mädchen gesehen, das Spaghetti isst? In welchen Zeiten leben wir ... Ihr lasst ihr alles durchgehen, ihr ruiniert diese arme Kreatur, ihr werdet sehen, was für Bauchschmerzen ...«, die ich zur großen Zufriedenheit der Mama aber nicht hatte.

Aber ich bin noch nicht fertig.

Ich wollte aufstehen, unbedingt, während Mama mich hinsetzte, mich sogar im Kinderwagen festband, damit ich nicht herausfalle, so die Ausrede, während ich gerne gehen und vielleicht den Kinderwagen schieben wollte. Nichts. Sie erlaubte es mir nicht und ich muss gestehen, dass meine Beine mich nicht recht aufrecht hielten, wie ich es mir gewünscht hätte. Eine Katastrophe. Ich frage mich, warum man so klein geboren wird, so tollpatschig, schwach und ... ach, lassen wir es besser sein, ich sehe, dass mein Kopf voller Fragen ist, auf die unmöglich eine Antwort zu finden ist.

Ich habe Gymnastikübungen gemacht (ein Satz, den Oma immer lachend wiederholte), um meine Zehen in den Mund zu stecken, auch um den Geschmack wahrzunehmen, etwas, ich gebe es zu, das ich jetzt zum Beispiel nicht mehr schaffe.

capito bene, vuol dire che sto invecchiando. Quando poi sono riuscita ad alzarmi da sola è cominciato il dramma dell'equilibrio, le gambe mi avrebbero sorretto, lo sapevo, ma c'era qualcosa che mi spingeva sempre giù. Che rabbia. Per andare avanti ero costretta a usare anche le mani, proprio come un cane o un gatto. Infatti la mamma diceva che avevo preso a gattonare, e lo diceva al telefono, piuttosto preoccupata, perché aggiungeva che adesso niente era più sicuro!

Il mio orsetto non ricorre mai a questi mezzi assai umilianti per muoversi. Lui preferisce farsi portare da me. E fa bene. È molto più dignitoso. Io invece per un lunghissimo tempo sono stata costretta a vedere il mondo dal basso, da sotto il tavolo, sotto la sedia, sotto le gambe di qualcuno. E tutto sembrava estremamente grande e irraggiungibile. Appena potevo, mi appoggiavo a una sedia, al muro, a un appiglio qualsiasi, per tirarmi su, perché sapevo che se continuavo a usare anche la braccia non sarei mai riuscita a correre come gli altri; anche gli uccellini sono assai veloci sulle due zampette, l'ho osservato al parco. Ho pensato che se avessero dovuto usarne quattro, di zampe, magari avrebbero fatto una gran confusione e mai sarebbero riusciti a correre. Ma devo subito ricredermi, perché il nostro gatto, con quattro zampe, riesce a essere più veloce della mamma, che pure ha soltanto due gambe. Devo smettere questa storia delle zampe e delle gambe, perché mi accorgo che nel mio ragionamento qualcosa non funziona.

E la fatica di parlare, dove la mettiamo? Come posso dimenticare questo terribile ostacolo, visto che ci combatto ancora, ogni giorno, specie quando ho fretta di dire la mia? La mamma trova sempre la scusa che non mi capisce, e anche gli altri cosiddetti adulti non mi capiscono, neanche parlassi una lingua straniera. Ma lo so che lo fanno apposta. Io sono

Ein Zeichen, dass ich rostig werde. Wenn ich das richtig verstanden habe, bedeutet das, dass ich alt werde. Als ich dann alleine aufstehen konnte, begann das Drama mit dem Gleichgewicht; die Beine hätten mich getragen, das wusste ich, aber irgendetwas zog mich immer nach unten. Was für eine Wut. Um vorwärtszukommen, musste ich wie ein Hund oder eine Katze auch noch meine Hände benutzen. Tatsächlich sagte meine Mutter, dass ich krabbeln würde, und sie sagte es am Telefon, ziemlich besorgt, dann fügte sie noch hinzu, dass jetzt nichts mehr sicher wäre!

Mein Teddy bedient sich nie dieser äußerst demütigenden Methoden, um sich zu fortzubewegen. Er zieht es vor, sich von mir tragen zu lassen. Und das ist gut so. Das ist viel würdevoller. Ich hingegen war sehr lange Zeit gezwungen, die Welt von unten zu sehen: von unterm Tisch, unterm Stuhl, zwischen den Beinen von jemandem. Und alles schien extrem groß und unerreichbar zu sein. Sobald ich konnte, hielt ich mich an einem Stuhl, an der Wand, an einem beliebigen Vorsprung fest, um mich hochzuziehen, denn ich wusste, dass ich, wenn ich weiterhin meine Arme benutzen würde, nie so laufen lernen würde, wie die anderen. Auch die Vögel sind sehr schnell auf ihren beiden Beinchen, das habe ich im Park beobachtet. Ich dachte mir, wenn sie vier Beine benutzen müssten, wäre vielleicht ein Durcheinander entstanden und sie wären nie imstande gewesen zu laufen. Aber ich muss mich gleich korrigieren, denn unsere Katze schafft es mit vier Beinen schneller zu sein als Mama, die auch nur zwei Beine hat. Ich muss mit dieser Sache mit den Beinen und Pfoten Schluss machen, weil ich merke, dass an meiner Argumentation etwas nicht stimmt.

Und was ist mit den Mühen des Sprechens? Wie könnte ich diese schreckliche Hürde vergessen, da ich mich heute noch täglich abmühe, vor allem wenn ich es eilig habe, meine Meinung zu sagen? Mama hat immer die Ausrede parat, dass sie mich nicht versteht, und auch die anderen sogenannten Erwachsenen verstehen mich nicht, ganz so als ob

chiarissima, sono loro che non vogliono capire.

Non voglio poi pensare alla tortura dei denti, perché sono venuta al mondo senza un dente, mi vergogno a dirlo... una grande ingiustizia. Ancora non so se sia stato un caso isolato, se cioè tutti i bambini del mondo nascono senza denti. Ad ogni modo, devo concludere che chi ha inventato tutto questo deve avere qualcosa contro i cuccioli degli umani.

Ci ho pensato a lungo: a casa abbiamo una gatta che mi gira sempre intorno e spesso si accoccola sul mio petto, cosa che fa urlare la mamma. Questa gatta che si chiama Mimì, ha avuto alcuni gattini, non so quanti, perché la mamma li ha subito dati via. Bene. Ora ne abbiamo uno solo, piccolo e tanto carino. E quello sa fare tutto! Fin dall'inizio. Intanto ha subito camminato, un po' barcollando sulle zampette, è vero, ma soltanto per poco, poi ha imparato a leccare la scodella del latte e sa anche miagolare, proprio come sua madre, cioè ha subito imparato a parlare la sua lingua, non fa la pipì addosso, sa dov'è il suo gabinetto e basta, si comporta alla perfezione. Questo mi ha fatto capire che i gattini e tutti gli animali appena nascono hanno molto meno difficoltà dei bambini, dei piccoli umani.

E questo mi sembra estremamente ingiusto.

A chi devo rivolgermi per protestare?

Dimenticavo un particolare molto importante: ho cercato di prendere il gattino per guardare dentro la sua bocca e vedere se anche lui non aveva dentini. Non lo avessi mai fatto. Mimì è partita come una furia e mi ha dato una zampata che ha lasciato il segno. Ora me ne sto alla larga e non mi interessa più né il gattino e tanto meno la Mimì. Il mio orsetto

ich eine Fremdsprache spräche. Aber ich weiß, dass sie es absichtlich tun. Ich drücke mich sehr klar aus, sie sind es, die nicht verstehen wollen.

An die Folter mit den Zähnen will ich gar nicht denken, denn ich bin ohne einen Zahn zur Welt gekommen, ich schäme mich, es zu sagen ... eine große Ungerechtigkeit. Ich weiß immer noch nicht, ob ich ein Einzelfall war, beziehungsweise ob alle Kinder der Welt ohne Zähne geboren werden. Jedenfalls muss ich daraus schließen, dass derjenige, der das alles erfunden hat, etwas gegen menschliche Neugeborene haben muss.

Ich habe lange darüber nachgedacht: zu Hause haben wir eine Katze, die immer um mich herumscharwenzelt und es sich oft auf meiner Brust gemütlich macht, was die Mutter zum Schreien bringt. Diese Katze, die Mimì heißt, hatte einige Kätzchen bekommen, ich weiß nicht wie viele, weil Mama sie sofort weggegeben hat. Gut. Jetzt haben wir nur noch eines, klein und sehr niedlich. Und das kann alles! Von Anfang an. Beginnen wir damit, dass es gleich laufen konnte, auch wenn es ein wenig wacklig auf den Beinen war, das ist wahr, aber nur für kurze Zeit, dann lernte es, aus der Milchschale zu schlecken und es kann auch miauen, genau wie seine Mama, das heißt, es lernte sofort, seine Sprache zu benutzen, es pinkelt sich nicht an, weiß wo sein Klo ist und benimmt sich vorbildlich. Das hat mir zu verstehen gegeben, dass Kätzchen und alle gerade geborenen Tiere es viel weniger schwer haben als Kinder, als kleine Menschen.

Das erscheint mir äußerst ungerecht zu sein.

An wen kann ich mich wenden, um zu protestieren?

Ich vergaß ein sehr wichtiges Detail. Ich habe versucht, das Kätzchen an mich zu nehmen, um in seinen Mund zu schauen und zu sehen, ob es ebenfalls keine Zähne hat. Hätte ich das bloß nicht getan. Mimì ging wie verrückt mit ihren Krallen auf mich los, die ihre Spuren hinterließen. Jetzt halte ich mich fern und interessiere mich nicht mehr für das Kätzchen und noch weniger für Mimì. Mein Teddybär hätte mich

mai mi avrebbe graffiato come ha fatto quella bestiaccia. Inoltre non ha neanche gli artigli.

Oggi è successa una tragedia greca. Anche questa una parola che soltanto adesso capisco nella sua vera portata. Prima la usava sempre la nonna per ogni piccola cosa insignificante, per cui non ci avevo dato molta importanza. Invece oggi posso dire che cos'è una tragedía... solo che non capisco perché greca.

Mentre dormivo la mamma ha messo il mio orsetto nella lavatrice, perché, ha detto, dopo tre anni era necessario lavarlo. Io me ne sono accorta quando ormai era troppo tardi. Me lo ha infatti dato già asciutto e ben pulito. Io però mi sono subito accorta che qualcosa non era più come prima. Non soltanto il colore era diverso, la lavatrice si è portata via soprattutto l'odore del mio orsetto! E cioè, me stessa.

Ho pianto disperata e la mamma, forse per la prima volta, ha capito il motivo della mia disperazione, benché non le abbia detto che il mio orsetto non era più quello di prima. Ma non so come, mi ha capito, forse perché il mio pianto era diverso dal solito.

Adesso ho un orsetto che assomiglia al mio orsetto ma non è lo stesso; ha perso la parte più essenziale, posso dire la sua piccola anima, perché una volta la nonna ha detto che tutti abbiamo un'anima. Ho chiesto se anche le cose hanno un'anima e lei, dopo averci riflettuto un po' ha detto che no, soltanto le creature viventi hanno un'anima. Io volevo sapere che vuol dire: creature viventi, se cioè anche gli alberi, gli uccellini, la Mimì, e il mio orsetto sono creature viventi e quindi hanno un'anima. La nonna ha riflettuto ancora, questa volta più a lungo. Sì, ha risposto, tutto ciò che vive ha un'anima. Ecco perché penso che il mio orsetto nella lavatrice abbia perso la sua anima, quella di prima, e non so se riuscirà a ritrovarla, perché non credo che possa andare avanti

nie so gekratzt wie dieses Biest. Außerdem hat er keine Krallen.

Heute ist eine Tragödie antiken Ausmaßes passiert. Auch dieses Wort verstehe ich erst jetzt in seiner ganzen Tragweite. Früher verwendete es Oma für jede Kleinigkeit, deshalb habe ich dem keine Wichtigkeit zugemessen. Doch heute kann ich sagen, was eine Tragödie ist ... bloß verstehe ich nicht, warum antik.

Während ich schlief, hat meine Mutter meinen Teddy in die Waschmaschine getan, weil, sagte sie, es nach drei Jahren notwendig sei, ihn zu waschen. Ich bemerkte es erst, als es bereits zu spät war. Sie hat ihn mir getrocknet und fein sauber zurückgegeben. Ich aber habe sofort bemerkt, dass er nicht mehr wie früher war. Nicht nur die Farbe war anders, die Waschmaschine hat vor allem den Geruch meines Teddys weggenommen! Das heißt, mich selbst.

Ich weinte verzweifelt und meine Mutter hat vielleicht zum ersten Mal den Grund für meine Verzweiflung verstanden, obwohl ich ihr nicht sagte, dass mein Teddy nicht mehr der von früher war. Ich weiß nicht wie, aber sie hat mich verstanden, vielleicht weil mein Weinen anders war als sonst.

Jetzt habe ich einen Teddybär, der meinem Teddy ähnlich sieht, aber nicht derselbe ist; er hat das Wesentliche verloren, man könnte sagen, er hat seine kleine Seele verloren, weil Oma einmal gesagt hat, dass wir alle eine Seele haben. Ich habe gefragt, ob auch Dinge eine Seele haben, und sie, nachdem sie ein wenig darüber nachgedacht hatte, sagte nein, nur Lebewesen haben eine Seele. Ich wollte wissen, was das heißt: Lebewesen, ob also auch Bäume, Vögel, die Mimì und mein Teddybär Lebewesen sind und eine Seele haben. Die Großmutter hat noch einmal nachgedacht, diesmal länger. Ja, hat sie geantwortet, alles was lebt, hat eine Seele. Deshalb glaube ich, dass mein Teddybär in der Waschmaschine seine Seele verloren hat, die von früher und ich weiß nicht, ob er sie wiederfinden kann, denn ich glaube

senza anima. Devo aspettare, forse la mamma lo rimetterà nella lavatrice, non so quando e io intanto dovrò abituarmi a questa novità, cioè al mio orsetto senza anima.

È stata una vera tragedia greca, come dice sempre la nonna, che sembra avere delle conoscenze con quella cosa che si chiama greca.

In questa occasione però ho scoperto cos'è l'anima. La nonna non è stata in grado di spiegarmi niente. Mi ha risposto con la solita frase che so già a memoria:

«Sei troppo piccola per queste cose... aspetta a crescere, poi lo capirai da sola.» E invece io ho fatto le mie riflessioni: il mio orsetto è sempre lo stesso, solo il suo odore è cambiato, cioè la sua anima. Devo allora concludere che l'anima è in realtà l'odore! Infatti ogni essere vivente ha un proprio odore, inconfondibile, unico, che lo differenzia da tutti gli altri esseri viventi.

Ci voleva tanto per capire una cosa così semplice? E non è stato neanche necessario crescere per capirla. Bisogna soltanto pensarci su e basta.

nicht, dass er ohne Seele weiterleben kann. Ich muss warten, vielleicht wird Mama ihn wieder in die Waschmaschine stecken, ich weiß nicht wann, und ich muss mich an diese Neuigkeit gewöhnen, das heißt, an meinen seelenlosen Teddy.

Das ist eine echte antike Tragödie gewesen, wie Oma immer sagt, die sich mit diesen Dingen auszukennen scheint, und weiß, was antik heißt.

Bei dieser Gelegenheit habe ich aber entdeckt, was die Seele ist. Die Großmutter konnte es mir nicht erklären. Sie antwortete mir mit dem üblichen Satz, den ich auswendig kenne:

»Du bist zu klein für solche Dinge ... warte, bis du erwachsen bist, dann wirst du es selbst herausfinden.« Ich hingegen habe meine eigenen Überlegungen angestellt: Mein Teddy ist immer derselbe, nur sein Geruch hat sich verändert, das heißt seine Seele. Ich muss daraus schließen, dass die Seele in Wirklichkeit der Geruch ist! In der Tat hat jedes Lebewesen seinen eigenen Geruch, unverwechselbar, einzigartig, der es von allen anderen Lebewesen unterscheidet.

Brauchte es wirklich so viel, um etwas so Einfaches zu verstehen? Und man bräuchte nicht einmal zu wachsen, um es zu verstehen. Man muss nur daran denken und Amen.

Indice

Inhaltsverzeichnis

Libri di Ada Zapperi Zucker in lingua italiana

Due mezzi volti di un'isola
Cristina Picciolini, Ada Zapperi Zucker
Un dialogo a distanza
2022, 176 pagine, 14,80

Nuovo dizionario femminile
Pensieri sparsi
2022, 244 pagine, 14,80 €

Il vestitino di Angelica
Romanzo
2021, 192 pagine, 13,80 €

Un pugno di storie
Lorella Rotondi e Ada Zapperi Zucker
Divagazioni e riflessioni
2021, 212 pagine, 12,80 €

Due donne del Sud
Caterina Mammola e Ada Zapperi Zucker
Dialogo in 24 lettere
2020, 212 pagine, 12,80 €

Una vita di donna in Sicilia
Romanzo
2019, 148 pagine, 12,80 €

Un'infanzia quasi felice
Racconti
2018, 144 pagine, 10,80 €

I padri assenti
Due racconti
2017, 196 pagine, 11,80 €

La casa del nonno
Romanzo
2016, 264 pagine, 13,80 €

La Cucchiara
Racconti siciliani
2015, 174 pagine, 12,80 €

Un giorno a Bolzano
Quattro racconti e frammenti di una biografia
2013, 224 pagine, 11,80 €

La scuola delle catacombe
Racconti sudtirolesi
2013, 224 pagine, 9,80 €

Teatro di ombre
Romanzo
2012, 176 pagine, 14,00 €

Le inquietudini della sora Elsa
Racconti
2011, 176 pagine, 13,00 €

Deutschsprachige Bücher von Ada Zapperi Zucker

Zwischen Lemberg und Meran
Roman
2020, 240 Seiten, 13,80 €

Singende Menschen
Antworten von Sängern auf 17 Fragen
2018, 264 Seiten. 24,80 €

Das Haus in der Widenmayerstraße
Roman
2017, 296 Seiten. 13,80 €

Das Unbehagen der Sora Elsa
Erzählungen
2016, 214 Seiten, 13,80 €

Ein Tag in Bozen
Vier Erzählungen und Fragmente einer Biographie
2014, 224 Seiten, 13,80 €

Die Katakombenschule
Erzählungen aus Südtirol
2013, 248 Seiten, 11,80 €

Zweisprachige Bücher von Ada Zapperi Zucker
Libri in due lingue di Ada Zapperi Zucker

Das Schweigen / Il silenzio
Roman / Romanzo
2022, 304 Seiten / pagine, 14,80 €

Vikis blaue Augen
Gli occhi azzurri di Viki
Ada Zapperi Zucker
Ein Kinderbuch / Un libro per bambini
Mit Hörbuch / Audiolibro incluso
2020, 100 Seiten/pagine, 15,80 €

Das Glyzinienhaus
La casa dei glicini
Ada Zapperi Zucker
Erzählungen / Racconti
2020, 252 Seiten/pagine, 13,80 €

Herta und andere Geschichten
Herta e altre storie
Ada Zapperi Zucker
Erzählungen / Racconti
2019, 248 Seiten/pagine, 13,80 €

Liebe und andere Verdrießlichkeiten
Amori e altre peripezie
Ada Zapperi Zucker
Erzählungen / Racconti
2018, 196 Seiten/pagine, 11,80 €

Von Sizilien in die Toskana
Dalla Sicilia alla Toscana
Lorella Rotondi, Ada Zapperi Zucker
Erzählungen / Racconti
2017, 164 Seiten, 11,80 €

Über Frauen und andere Geschöpfe
Storie di donne e altre creature
Ada Zapperi Zucker
Erzählungen / Racconti
2015, 128 Seiten, 11,80 €

Andere Autoren im VoG Verlag
Altri autori della casa editrice VoG

Parole e simboli di memorie
Piccolo dizionario – Riflessioni
Caterina Mammola
2022, 184 pagine, 14,80 €

Schattenwärts
Vera Zwerger Bonell
Lebensskizzen
2022, 140 Seiten. 13,80 €

Taxi nach Verona
Hannes Meier
Roman
2021, 200 Seiten. 13,80 €

Geht dieser Zug nach Taranto?
Questo treno va a Taranto?
Ester Cecere
Erzählungen / Racconti
2019, 208 Seiten/pagine, 13,80 €

Ach, wenn doch bloß der Krieg nicht wär!
Leonore Paurat
Liebesbriefe aus dem zweiten Weltkrieg
2016, 176 Seiten. 12,80 €

Gedruckt im Juni 2023
Stampato nel mese di Giugno 2023